Erwin Kräutler
Habt Mut!

Erwin **Kräutler**

in Zusammenarbeit
mit Josef Bruckmoser

Habt
Mut!

Jetzt die Welt
und die Kirche
verändern

Tyrolia-Verlag · Innsbruck-Wien

Mitglied der Verlagsgruppe „engagement"

© 2016 Verlagsanstalt Tyrolia, Innsbruck
Umschlaggestaltung: stadthaus 38, Innsbruck
Layout und digitale Gestaltung: Tyrolia-Verlag, Innsbruck
Druck und Bindung: Theiss, St. Stefan
ISBN 978-3-7022-3508-6 *(gedrucktes Buch)*
ISBN 978-3-7022-3509-3 *(E-Book)*
E-Mail: buchverlag@tyrolia.at
Internet: www.tyrolia-verlag.at

MIX
Papier aus verantwor-
tungsvollen Quellen
FSC
www.fsc.org   FSC® C012536

Inhalt

5.

FÜHRE AUF AUGENHÖHE

6.

HAB MUT ZU VERÄNDERUNGEN

7.

ES GIBT NUR EINE WELT – NIMM DEINE
GLOBALE VERANTWORTUNG WAHR

Vorwort

Die Welt hat sich verändert, alte Ordnungen und Sicherheiten wanken. Europa muss sich neu orientieren. Aber wohin?

Erwin Kräutler benennt sieben Kategorien für ein Leben, das vor dem eigenen Gewissen und vor der Mitwelt bestehen kann. In seinem Plädoyer stützt sich der gebürtige Vorarlberger auf die Bibel, auf seine 50-jährige Erfahrung als Seelsorger und Bischof in Amazonien und auf die Verkündigung von Papst Franziskus. Der Bischof vom Xingu und der Papst aus Buenos Aires stimmen dabei in vielen wesentlichen Akzentsetzungen überein. Punktgenau benennen die beiden Kirchenmänner aus dem Süden die Herausforderungen, vor denen Europa und die europäischen Christen stehen.

Franziskus wohnt nicht im Papstpalast, sondern im Gästehaus, er fährt nicht mit einer Limousine vor, sondern im Kleinwagen, er gibt keine autoritären Lehrschreiben heraus, sondern fragt zuerst die Menschen, wie sie leben und was sie glauben. Für Jorge Mario Bergoglio stehen nicht die Kirche, das System und die Hierarchie im Mittelpunkt. Der erste Papst aus Lateinamerika hat immer den konkreten Menschen im Blick. Er will kein jahrhundertealtes System in die Zukunft retten, sondern fragt, wie die Kirche den Menschen Hilfe und Stütze sein kann – in guten und in bösen Tagen.

Erwin Kräutler lädt uns ein, ein Stück des Weges mit dem Bischof von Rom zu gehen. Dieser Weg ist markiert von der Liebe zu den Menschen, vom Blick für die Armen, von der Achtung für die Mitwelt, von der Suche nach Versöhnung und Frieden und von einer Autorität, die kein autoritäres Gehabe braucht. Aus diesen Haltungen können wir den Mut zur Veränderung schöpfen, der notwendig ist, um unsere Verantwortung für die Welt wahrzunehmen.

Drei Lebensregeln aus der Bibel geben zu jedem der sieben Kapitel konkrete Anregungen für den Alltag.

Josef Bruckmoser

1.
LIEBE DIE MENSCHEN

„Guten Abend,
Brüder und Schwestern!"

Mit dem ersten Papst aus Lateinamerika hat in der römisch-katholischen Kirche eine neue Ära begonnen. Das hat sich schon in seiner ersten unmittelbaren Begegnung mit den Menschen gezeigt, am 13. März 2013 um 20.22 Uhr, als Jorge Mario Bergoglio auf der Loggia des Petersdoms in Rom erschienen ist. „Habemus papam" war die Ankündigung – und gekommen ist ein Mensch wie du und ich. Einer, der sich von Anfang an nicht als eine abgehobene Autorität verstand, sondern dessen Name Programm ist: Franziskus, abgeleitet von Franz von Assisi. Ein „Poverello" will er sein, ein Armer unter den Menschen, einer, der die Menschen mag, und einer, der staunen kann vor den Wundern dieser Welt, wie es Franz von Assisi in seinem berühmten und bis heute berührenden „Sonnengesang" getan hat.

Mit seinen ersten Worten, mit seiner ersten kurzen Ansprache hat Papst Franziskus die Herzen der Menschen erobert, die auf dem Petersplatz versammelt waren:

„Brüder und Schwestern!
Guten Abend!

Ihr wisst, es war die Aufgabe des Konklaves, Rom einen Bischof zu geben. Es scheint, meine Mitbrüder, die Kardinäle, sind fast bis ans Ende der Welt gegangen, um ihn zu holen. ... Aber wir sind hier. ... Ich danke euch für diesen Empfang. Die Diözese Rom hat nun ihren

Bischof. Danke. Zunächst möchte ich ein Gebet sprechen für unseren emeritierten Bischof Benedikt XVI. Beten wir alle gemeinsam für ihn, dass der Herr ihn segne und die Mutter Gottes ihn beschütze.

Und jetzt beginnen wir diesen Weg – Bischof und Volk –, den Weg der Kirche von Rom, die den Vorsitz in der Liebe führt gegenüber allen Kirchen; einen Weg der Brüderlichkeit, der Liebe, des gegenseitigen Vertrauens. Beten wir immer füreinander. Beten wir für die ganze Welt, damit ein großes Miteinander herrsche. Ich wünsche euch, dass dieser Weg als Kirche, den wir heute beginnen und bei dem mir mein Kardinalvikar, der hier anwesend ist, helfen wird, fruchtbar sei für die Evangelisierung dieser schönen Stadt.

Und nun möchte ich den Segen erteilen, aber zuvor bitte ich euch um einen Gefallen. Ehe der Bischof das Volk segnet, bitte ich euch, den Herrn anzurufen, dass er mich segne: das Gebet des Volkes, das um den Segen für seinen Bischof bittet. In Stille wollen wir euer Gebet für mich halten.

Jetzt werde ich euch und der ganzen Welt, allen Männern und Frauen guten Willens, den Segen erteilen. [Segen]

Brüder und Schwestern, ich verabschiede mich von euch. Vielen Dank für den Empfang. Betet für mich und bis bald! Wir sehen uns bald: Morgen möchte ich die Mutter Gottes aufsuchen und sie bitten, ganz Rom zu beschützen. Gute Nacht und angenehme Ruhe."

Für mich ist es die wichtigste Voraussetzung für den Beruf und die Berufung des Priesters oder Bischofs – oder des Papstes, des Bischofs von Rom –, dass du die Menschen magst. Wir erleben das in der lateinamerikanischen Situation sehr deutlich. Es gibt eine gar nicht so geringe Zahl von jüngeren Priestern, die – ähnlich wie bei evangelikalen und pfingstlerischen Gemeinschaften – vor allem ihr Amt hervorheben. Sie verstehen sich als die aus dem Volk herausgenommenen Männer, die kraft ihrer Weihe die Sakramente spenden. Und es gibt die vielen anderen, ich nenne sie die Priester des Volkes. Das sind die, die bei den Menschen und mit den Menschen leben. Auch sie spenden die Sakramente, aber sie teilen mit dem Volk Gottes die Sorgen des Alltags. Sie verklären die Armut nicht zynisch, indem sie ein reiches Leben im Paradies des Jenseits versprechen.

Als ich zum Bischof der Diözese Xingu in Amazonien bestellt wurde, fragte ich vor der Bischofsweihe meine Leute, was sie von ihrem Bischof erwarten. Die Antwort der Laien, Frauen und Männer, die an der Versammlung teilnahmen, war: „Bitte, leite die Diözese nicht von einem Schreibtisch aus, sondern komm hinaus zu uns, damit du an deinem eigenen Leib erfährst, wie wir leben, was unsere Sorgen und Nöte sind, unsere Trauer und Angst, aber auch unsere Freude und Hoffnung." Ich kann einen Menschen nur wirklich lieben, wenn ich sein Umfeld kenne, wenn ich weiß, woher er kommt, wie er lebt und wohin er strebt.

Schon als Jesuit, als Priester, als Bischof und schließlich als Kardinal in Buenos Aires hat Jorge Mario Bergoglio diesen Geist der Geschwisterlichkeit gelebt. Das macht seine persönliche Glaubwürdigkeit aus. Für Papst Franziskus ist es kein PR-Gag, keine Show für die Fernsehkameras aus aller Welt, wenn er auf einer seiner Reisen mitten im Pulk offizieller Staatskarossen in einen mausgrauen Mittelklassewagen steigt. Es ist nicht für die „Auslage", sondern es ist für ihn selbstverständlich, dass er beim Optiker nicht eine komplett neue Brille kauft, sondern nur Gläser mit der neuen Dioptrie in die alte Fassung einpassen lässt.

Der Zweck ist erfüllt, mehr ist nicht notwendig, denkt Franziskus, und vermittelt damit zwei Botschaften: Das Notwendige ja, das Überflüssige nein. Ich will – und muss in meinem Amt – gut sehen, aber ich bin kein Teil einer Konsum- und Wegwerfgesellschaft, die das ohne weiteres noch Brauchbare achtlos in den Müll wirft.

Ein Evangelium, das froh macht

Papst Franziskus ist ein Mensch, der eine frohe Gelassenheit ausstrahlt. Sie kommt aus einem Verständnis des Evangeliums, das zuerst die frohe Botschaft, die gute Nachricht sieht und erst darauf aufbauend die Konsequenzen, die sich in der Lebensführung als Rechte, aber naturgemäß auch als Pflichten daraus ergeben. Bei Franziskus besteht nie ein Zweifel, was er will, was er für menschenwürdig und erstrebenswert hält. Aber diese Haltung kommt nicht als eine von oben daher, als eine nur belehrende und fordernde, eventuell sogar mit erhobenem Zeigefinger.

Die Kirche war bis weit in das 20. Jahrhundert hinein in erster Linie die Hierarchie. Diese wurde als Mutter und Lehrerin der Gläubigen verstanden. Über die Stellung und Berufung der Laien in der Kirche gab es kaum theologische Abhandlungen. Die Laien waren so etwas wie Konsumenten dessen, was der Klerus ihnen vorsetzte, praktisch ohne Mitspracherecht. Unbedingter, sich unterwerfender Gehorsam der kirchlichen Obrigkeit gegenüber war gefordert.

Das Zweite Vatikanische Konzil (1962–1965) sieht nun an erster Stelle das Volk Gottes. In der Dogmatischen Konstitution über die Kirche „Lumen gentium" ist nach einem einleitenden Kapitel über das Mysterium der Kirche das zweite große Kapitel dem Volk Gottes gewidmet. Erst im dritten Kapitel geht es um die Amtsträger, die nicht eine isolierte, abgehobene Kaste bilden, sondern im Dienste ebendieses Volkes Gottes stehen. Nach diesem dritten Kapitel über die Amtsträger kommt ein weiteres über die Laien. Es geht also nochmals um das Volk Gottes, denn das Wort Laie kommt ja vom griechischen *laós* (Volk) bzw. *laikós* (zum Volk gehörig). In diesem Kapitel steht dann auch der wunderbare Satz: „Wie die Laien Christus zum Bruder haben, der, obwohl aller Herr, doch gekommen ist, nicht um sich bedienen zu lassen, sondern um zu dienen (vgl. Mt 20,28), so haben sie auch die geweihten Amtsträger zu Brüdern" (LG 32).

Es hat noch Jahrzehnte gedauert, bis diese Umkehrung der Verhältnisse Fuß gefasst hat. Wirklich vollzogen, intensiviert und gelebt wird dieses Kirchenbild von Papst Franziskus. Bereits in seinem ersten programmatischen

Apostolischen Schreiben „Evangelii gaudium" über die „Freude des Evangeliums" hat er mit Blick auf die Gläubigen geschrieben:

> „Der heilige Thomas von Aquin betonte, dass die Vorschriften, die dem Volk Gottes von Christus und den Aposteln gegeben wurden, ‚ganz wenige' sind. Indem er den heiligen Augustinus zitierte, schrieb er, dass die von der Kirche später hinzugefügten Vorschriften mit Maß einzufordern sind, ‚um den Gläubigen das Leben nicht schwer zu machen' und unsere Religion nicht in eine Sklaverei zu verwandeln, während ‚die Barmherzigkeit Gottes wollte, dass sie frei sei'. Diese Warnung, die vor einigen Jahrhunderten gegeben wurde, besitzt eine erschreckende Aktualität. Sie müsste eines der Kriterien sein, die in Betracht zu ziehen sind, wenn über eine Reform der Kirche und ihrer Verkündigung nachgedacht wird, die wirklich erlaubt, alle zu erreichen. (EG 43)"

Das erinnert an die Auseinandersetzungen, die Jesus mit den religiösen Autoritäten seiner Zeit geführt hat. „Sie legen den Menschen schwere Lasten auf" (Mt 23,4), kritisierte er – und hielt sein Evangelium der Freude dagegen: „Meine Bürde ist leicht" (Mt 11,30). Für Papst Franziskus kommt zuerst die Frohbotschaft. Alles andere folgt daraus, sofern es aus der prinzipiellen und bedingungslosen Heilszusage Gottes an den Menschen ableitbar ist.

Das Jahr
der Barmherzigkeit

Ein konkreter programmatischer Ausdruck dieser Haltung des Papstes ist das „Jahr der Barmherzigkeit". Dieses Heilige Jahr begann symbolträchtig am 8. Dezember 2015, dem 50. Jahrestag des Abschlusses des Zweiten Vatikanischen Konzils. Es endet am 20. November 2016. Es ist somit eine Einladung, das mit dem Konzil begonnene Werk fortzuführen, und zwar ausdrücklich unter dem Aspekt der Barmherzigkeit.

Dieses „Außerordentliche Jubiläum der Barmherzigkeit" ist ein Mottojahr, das aus den innersten Beweggründen kommt, die Papst Franziskus in seinem Amt leiten. Barmherzigkeit ist für ihn der Kern der christlichen Botschaft und das Schlüsselwort seines Pontifikates. Er will mit dem Jahr der Barmherzigkeit die Kirche dahin führen, in allen Bereichen der Seelsorge Zeichen und Zeugin dieser Barmherzigkeit zu sein.

Barmherzigkeit ist ein zutiefst biblischer Begriff. Ich erinnere mich gerne an eine Frau, Adriana heißt sie, die ich getraut habe. Ein Jahr nach der Hochzeit habe ich sie getroffen. Sie erzählte mir, sie hätte so gern ein Kind, aber es sei bisher nicht möglich gewesen. Sie war unendlich traurig. Wiederum ein Jahr später habe ich die Frau neuerlich getroffen, und sie war schwanger. Nie mehr vergesse ich das leuchtende Gesicht von Adriana, wie sie mit der Liebe einer jungen Mutter ihre Hände auf ihren bereits sanft gewölbten Schoß legte und mir erklärte, wie sich das Kind rege und bewege.

Genau das will *rachamim* ausdrücken, das hebräische Wort für Barmherzigkeit. Dessen Wurzel ist *rechem*, das heißt Mutterschoß. Es ist die Erfahrung einer werdenden Mutter, die ein Kind in ihrem Schoß trägt, die tiefe Verbundenheit, alle damit verbundenen Gefühle selbstloser Liebe, Zärtlichkeit, Sorgfalt, Zuneigung und Güte. Niemand ist einander näher als eine Mutter und das Kind unter ihrem Herzen. Es gibt unter Menschen keine ursprünglichere Erfahrung liebender Verbundenheit als diese zärtliche Einheit. Das Alte Testament schreibt alle diese „Gefühle" Gott zu. Barmherzigkeit offenbart somit vom Wortstamm her die mütterliche, die weibliche Seite Gottes.

Genau darauf zielt das Jahr der Barmherzigkeit: dass Menschen die unmittelbare und bedingungslose Zuwendung Gottes erfahren, auch und gerade im Handeln der Kirche. So war beispielsweise die Lossprechung in der Beichte für eine Frau, die eine Abtreibung durchgeführt hatte, immer einem Bischof vorbehalten. Franziskus hat diese Vollmacht für das „Jahr der Barmherzigkeit" allen Priestern erteilt. Es ist ihm damit etwas gelungen, was der katholischen Kirche zumal in Fragen des Lebensschutzes so schwerfällt: dem einzelnen Menschen in seiner persönlichen Situation mit Liebe zu begegnen und ihm gerecht zu werden, ohne damit den Grundsatz aufzugeben, dass das menschliche Leben von der Empfängnis bis zum Tod unantastbar ist.

Franziskus unterläuft jenes kirchliche Schwarz-Weiß-Denken, das entweder nur die strenge Sitte und Moral oder den völligen Relativismus und sittlichen Verfall kennt. Er lebt das Wort, das Jesus angesichts der „Sünderin" gesagt hat, die man ihm vorgeführt hatte: „Wer von euch ohne Sünde ist, werfe den ersten Stein." Als sich nach und nach alle widerwillig, aber sozusagen alternativlos, aus dem Staub machen, sagt Jesus: „Dann will auch ich dich nicht verurteilen. Gehe hin und sündige nicht mehr" (Joh 8,1–11). Diesem Vorbild folgend sagt Franziskus, die Priester müssten für betroffene Frauen „Worte der echten Annahme" finden – verbunden „mit einer Reflexion, die hilft, die begangene Sünde zu begreifen".

Für Franziskus steht an erster Stelle, dass Frauen, die abgetrieben haben, die Vergebung Gottes nicht verweigert werden darf. Er übersieht dabei nicht, dass die veränderte Beziehung moderner Gesellschaften zum Leben – ob am Anfang oder am Ende – aus Sicht der Kirche schwerwiegende Fragen aufwirft. „Das Drama der Abtreibung wird von manchen mit einem oberflächlichen Bewusstsein erlebt", schreibt er. „Viele andere dagegen, die diesen Moment zwar als Niederlage erleben, meinen, keinen anderen Ausweg zu haben." Er denke an die Frauen, die eine Abtreibung vornehmen ließen, und wisse um den Druck, der sie zu dieser Entscheidung geführt habe. „Ich weiß, dass es ein existenzielles und moralisches Drama ist", sagt Franziskus und betont zugleich, er sei vielen Frauen begegnet, „die in ihrem Herzen die Narben dieser leidvollen und schmerzhaften Entscheidung trugen".

Ich habe als Bischof selbst solche Erfahrungen gemacht, wie junge Frauen buchstäblich zur Abtreibung gezwungen wurden, indem man ihnen angedroht hat, sie mittellos auf die Straße zu setzen, wenn sie den Eingriff nicht vornehmen ließen. Sie kamen dann nachher zu mir und baten weinend um Hilfe und wollten, dass ich sie „um Gottes und seiner heiligsten Mutter willen" von ihrem tief liegenden Schock und ihrer Schuld befreie. Manchmal sagte mir eine Frau, dass sie in der Nacht schweißgebadet aufwache, weil sie Albträume habe und ihr Kind schreien höre. Ein grausames Schicksal, das Frauen nie mehr wegstecken können. Ich habe jedes Mal mit ihnen gebetet und ihnen gesagt, dass Gott sie ganz sicher nicht verdamme und nie aufhöre, sie zu lieben. „Mit ewiger Liebe habe ich dich geliebt; darum habe ich dich an mich gezogen aus lauter Gnade", lesen wir beim Propheten Jeremia (Jer 31,3). Ich legte ihnen die Hände auf und sprach die sakramentale Lossprechung.

Ich fragte mich allerdings, in welchem Maße eine solche Frau *subjektiv,* also in dieser ihrer schaurigen Grenzsituation, tatsächlich Schuld auf sich geladen hat. Es brachte mich jedes Mal in Rage, wenn ich an die wirklich Verantwortlichen für all dieses Leid von Frauen und den Tod ihrer ungeborenen Kinder dachte. Kein Mensch belangt diese gemeinen Typen. Sie selbst tun so, als ob absolut nichts geschehen wäre. Sie sind die eigentlichen Verbrecher! Aber von denen kommt niemand zum Bischof und bittet um Absolution.

Ein ähnliches Signal der Barmherzigkeit setzte der Papst durch den erleichterten Zugang zur Annullierung einer Ehe. In einem Ehenichtigkeitsverfahren geht es um die amtliche Feststellung, ob bei den betreffenden Partnern eine gültige Ehe im katholischen Sinne überhaupt zustande gekommen sei. Mögliche Gründe für eine ungültige Ehe können Formfehler bei der Eheschließung sein, vor allem aber Willensmängel oder Erkenntnismängel. Ein Willensmangel liegt etwa vor, wenn ein Partner von vornherein einen Kinderwunsch ausschließt, ein Erkenntnismangel, wenn etwa einem der Partner nicht bewusst ist, dass eine Ehe nach katholischem Verständnis unauflöslich ist.

Bei uns in Lateinamerika kommt als Ehehindernis auch ganz besonders der äußere oder innere Zwang dazu. Schwarz auf weiß heißt es im Kirchenrecht: „Ungültig ist eine Ehe, die geschlossen wurde aufgrund von Zwang oder infolge von außen, wenn auch ohne Absicht, eingeflößter Furcht, die jemandem, um sich davon zu befreien, die Wahl der Ehe aufzwingt" (CIC Canon 1103). Wie oft passiert es in Lateinamerika, dass ein Mädchen zur Heirat gezwungen wird, weil sie schwanger ist. Der Traupriester erfährt nichts davon und beim Traugespräch wird so getan, als ob alles eitel Wonne wäre. Aus Angst wird einfach gelogen. Die Frage, ob sie (oder seltener auch er) aus freiem Willen die Ehe eingehen möchte, wird mit Ja beantwortet. Die Wahrheit kommt erst viel später ans Licht.

Ich kenne zur Genüge Fälle von Drohungen väterlicher- oder sogar mütterlicherseits wie „Wenn du den Burschen nicht heiratest, werfe ich dich hinaus. Ich sehe dich nicht mehr als meine Tochter an! Ich will keine Hure in meinem Haus!" Es ist jedes Mal ein eklatanter Fall von Ehenichtigkeit. Aber es ist meist sehr schwierig, Zeugen einzuvernehmen. Ich weiß oft als Bischof aus dem *forum internum* von den näheren Umständen, die zur Heirat geführt haben, aber der Weg über die Instanzen des kirchlichen Ehegerichts war immer langwierig. Es kam oft aus diesem und jenem Grund zu keinem Urteilsspruch – auch wenn ich völlig überzeugt war, dass die Ehe ungültig ist. Da stieg bei mir jedes Mal die Frage auf: Warum ist mir als Ortsbischof nicht das letzte Urteil anheimgestellt, wenn ich doch die Umstände aus allernächster Nähe kenne?!

Zu Beginn des Heiligen Jahres kam die erlösende, von mir längst erwartete Entscheidung aus Rom. Seither gilt für die Nichtigkeitserklärung einer kirchlich geschlossenen Ehe bereits das Urteil der ersten Instanz. Es muss nicht mehr, wie zuvor, jedes Urteil in einem kirchlichen Eheprozess in zweiter Instanz bestätigt werden. Zudem darf die Maximaldauer eines Ehenichtigkeitsprozesses nur mehr ein Jahr betragen. Außerdem verfügte der Papst, dass der Ortsbischof selbst dieses Amt auszuüben hat, er darf es nicht vollständig delegieren. Das ist die eine Seite. Die andere ist, dass der Ortsbischof dadurch auch gegenüber der römischen Kurie aufgewertet wird. Die ehegerichtliche Entscheidung fällt jetzt auf diözesaner Ebene – ein kleiner, aber in der Tendenz beachtenswerter Schritt weg vom Zentralismus.

Nur im Falle einer Anfechtung des Ersturteils geht das Verfahren in zweiter Instanz an den Erzbischof der jeweiligen Kirchenprovinz – in Österreich an den Erzbischof von Salzburg oder den Erzbischof von Wien. Erst wenn das Diözesangericht und das übergeordnete Metropolitangericht zu unterschiedlichen Urteilen kommen, entscheidet in dritter und letzter Instanz die Rota Romana, der Berufungsgerichtshof im Vatikan.

Der Einwand von Kritikern, dass die Nichtigkeitserklärung einer Ehe von den betroffenen Partnern immer auch eine gewisse Selbstverleugnung verlange, ist teilweise richtig. Sie müssen ja tatsächlich mehr oder weniger erklären, dass sie sich in ihrer Beziehung schwerwiegend getäuscht hätten, dass sie unter Zwang gestanden seien oder dass ihr Ja-Wort gleichsam nie den ernsthaften Charakter gehabt habe, den der kirchlich definierte Wille zur Ehe verlange.

Wichtig scheint mir trotzdem, dass die Richtung stimmt. Zum einen durch die Dezentralisierung und zum anderen durch das neue Verständnis, wie die Kluft zwischen dem Sakrament, dem kirchlichen Recht und der vom Evangelium gebotenen Barmherzigkeit kleiner werden könnte. Zur statistischen Einordnung: 2013 wurden weltweit rund 47.150 Ehen für nichtig erklärt – bei insgesamt 71.800 abgeschlossenen Verfahren. Davon entfielen mit 24.600 mehr als die Hälfte der annullierten Ehen auf die USA.

Franziskus will eine Kirche, die in zweifacher Hinsicht näher bei den Menschen ist. Was vor Ort entschieden werden kann, soll auch dort entschieden werden. Erst wenn dezentral keine Einigung erzielt werden kann, entscheidet in allerletzter Instanz Rom. Das Zweite ist: Weil menschliches Leben brüchig und unvollendet ist, muss die Barmherzigkeit gegenüber dem Recht wieder mehr Gewicht bekommen.

Ein Detail am Rande: Über den juristischen Schatten ist Franziskus auch gegenüber der traditionalistischen Piusbruderschaft gesprungen. Überraschend ordnete er an, dass im Heiligen Jahr alle Katholiken das Sakrament der Versöhnung, die Beichte, auch bei Priestern der Bruderschaft Sankt Pius X. gültig und erlaubt empfangen können. „Ich vertraue darauf, dass in naher Zukunft Lösungen gefunden werden können, um die volle Einheit mit den Priestern und Oberen der Bruderschaft wiederzugewinnen", schrieb Franziskus.

Bislang ist die Spendung von Sakramenten durch die Priester der von Rom getrennten Bruderschaft nach katholischem Kirchenrecht gültig, aber nicht erlaubt. Für die Beichte macht Franziskus im „Heiligen Jahr der Barmherzigkeit" eine Ausnahme. Vielleicht darf man auch darin eine grundsätzliche Haltung dieses Papstes sehen: dass mehr Ausnahmen die Regel bestätigen, weil nicht alles Leben über einen einzigen kirchenrechtlichen Leisten geschlagen werden kann.

Was uns die Heilige Schrift sagt:
Drei Lebensregeln aus der Bibel

Mein Joch drückt nicht und meine Bürde ist leicht
(Mt 11,30)
Das Evangelium ist eine Botschaft, die nicht unterjocht, sondern aufrichtet. Ich muss mich nicht erdrücken lassen, weder von den Bürden des Alltags noch von dem Joch, das andere – welche Autoritäten auch immer – mir auferlegen wollen. Ich bin dazu berufen, Jesus nachzufolgen, und ich darf den aufrechten Gang gehen.

Richtet nicht, damit ihr nicht gerichtet werdet (Mt 7,1)
Es ist eine klare Forderung der Nächstenliebe, dass ich

auf andere Menschen in aller Offenheit zugehe und ihnen ohne Urteil, vor allem ohne Vorurteil begegne. Papst Franziskus hat diese christliche Grundhaltung des „Richtet nicht" schon in seiner ersten Pressekonferenz auf dem Flug zum Weltjugendtag in Rio de Janeiro unterstrichen. Auf die Frage, wie die Kirche zu homosexuellen Menschen stehe, sagte er: „Wenn ein Mensch homosexuell ist und Gott sucht und guten Willens ist, wer bin ich, über ihn zu richten?"

Seid barmherzig, wie euer Vater im Himmel barmherzig ist (Lk 6,36)

Barmherzigkeit fängt immer damit an, dass ich nicht wegschaue, sondern hinschaue. Und dass ich versuche, die Situation des anderen zu sehen und danach zu handeln. Die Bibel ist voller Beispiele, in denen uns vor Augen geführt wird, was Barmherzigkeit meint: der barmherzige Samariter, der nicht an dem Mann vorbeigegangen ist, der unter die Räuber gefallen war (Lk 10,25–37); der barmherzige Vater, der für seinen verlorenen Sohn ein Fest ausrichten lässt (Lk 15,11–32).

Eine wunderbare Stelle aus dem Alten Testament steht dazu beim Propheten Jesaja, Kapitel 49, Vers 15: „Kann denn eine Frau das Kind, das sie stillt, vergessen? Und selbst wenn sie es vergessen würde, ich vergesse dich nicht. Ich habe dich in meine Hand geschrieben." Genau darum geht es: Der barmherzige Samariter kann nicht vorbeigehen und der Vater hat seinen Sohn nie vergessen. Eindrucksvoll hat Rembrandt das in seiner „Heimkehr des verlorenen Sohnes" (St. Petersburg 1669) dargestellt.

2.
SCHAU BEI DEN ARMEN NICHT WEG

„Unser" Papst aus dem Süden

Der Befreiungstheologe Jon Sobrino aus El Salvador wurde am 10. März 2013, kurz vor der Papstwahl, in der ORF-Fernsehsendung „Orientierung" gefragt, was er von einem Papst aus dem Süden halten würde. Sobrino meinte, das sei für ihn nicht wichtig. „Für mich ist wichtig, dass der Papst, die ganze Kirche, alle zusammen etwas riskieren. Es muss ein Papst sein, der etwas riskiert, der die Armen dieser Welt verteidigt. Zu wenig Mittel zum Leben, mangelnde medizinische Versorgung, kaum Bildung. Das ist die tiefere Wahrheit der Welt, der sich die Kirche zuwenden muss. Vielleicht machen sie in diesem Konklave einen Schritt hin zu einer menschlicheren Welt."

Der Papst sollte gebildet sein, sagte Sobrino, und er sollte verstehen, dass wir alle in einer einzigen Welt leben – ein geradezu prophetisches Wort, wenn wir an Franziskus denken. Kein anderer Papst vor ihm hat so sichtbar diese eine Welt dargestellt wie Jorge Mario Bergoglio, der Papst, wie er selbst sagte, „fast vom Ende der Welt". Als Franziskus am Abend des 13. März 2013 auf die Mittelloggia des Petersdoms trat, ist die andere Welt, die südliche, die arme Halbkugel, in der Mitte der Kirche angekommen.

Am Anfang sind die Leute bei uns in Brasilien – ich möchte fast sagen – erschrocken. Niemand hätte sich je träumen lassen, dass „einer von uns" Papst werden könnte. Der Papst war immer weit weg. Und auf einmal ist das einer von uns. Sogar Pastoren von evangelischen Freikirchen haben mir gratuliert. Sie sagten, „jetzt haben wir einen

Papst". Also wir Lateinamerikaner. Die katholische Kirche hört mit Franziskus auf, in ihren Entscheidungsinstanzen eine fast ausschließlich europäische Kirche zu sein. In der Wahl des Papstes aus Argentinien zeigt sich, dass sich die Kirche irgendwie von Europa abgenabelt hat.

Es gibt eine wunderbare Erzählung aus dem Leben des heiligen Franz von Assisi. Im Jahre 1205 kniete er in dem verfallenen Kirchlein San Damiano vor dem heute weltberühmten byzantinischen Kreuz. Plötzlich hörte er eine Stimme: „Franz, stelle mein verfallenes Haus wieder her." Als Kardinalprotodiakon Jean-Louis Tauran den Namen bekannt gab, den Jorge Mario Bergoglio als Papst angenommen hat, kamen mir unwillkürlich diese Worte in den Sinn. Wir hoffen, dass Papst Franziskus die Erwartungen, die wir mit diesem Namen verbinden, auch verwirklichen kann. Dazu braucht er den Mut und die tiefe Gottverbundenheit des Franz von Assisi.

Ich möchte Papst Franziskus nicht für die Befreiungstheologie vereinnahmen, aber eines ist sicher: Er ist ein Mann, der in Argentinien auf der Seite der Armen stand und sich für die Mittellosen und an den Rand Gedrängten eingesetzt hat. Deshalb wurde er auch „Kardinal der Armen" genannt. Daher knüpft Franziskus bei Aussagen über die Armut immer wieder bei der lateinamerikanischen Erfahrung an und bei einer Kirche, die nicht müde wird, ihre „Option für die Armen" karitativ und gesellschaftspolitisch zu leben.

Der Papst ist beseelt vom Grundanliegen der Befreiungstheologie, sich den konkreten Herausforderungen unserer Welt zu stellen und ungerechte Strukturen anzuprangern, so wie es die Dritte Generalversammlung der Lateinamerikanischen Bischöfe 1979 in Puebla ausgedrückt hat. Das Schlussdokument zitiert Papst Johannes Paul II., der die ungerechten Strukturen benennt, die „Reiche immer reicher werden" lassen „auf Kosten der Armen, die immer ärmer werden" (DP 30).

Die Fünfte Generalversammlung 2007 in Aparecida geht noch weiter. Als Erzbischof von Buenos Aires hat Papst Franziskus das Schlussdokument dieser Versammlung wesentlich mitbestimmt. Dort begegnet uns ausdrücklich der Gedanke, dass Menschen von der gesellschaftlichen Entwicklung ausgeschlossen werden, dass sie an den Rand gedrängt werden, weil sie die Geschäfte stören. Wörtlich heißt es in Nr. 65: „Eine Globalisierung ohne Solidarität wirkt sich negativ auf die ärmsten Schichten aus. Dabei geht es nicht allein um Unterdrückung und Ausbeutung, sondern um etwas Neues, um den gesellschaftlichen Ausschluss. Durch ihn wird die Zugehörigkeit zur Gesellschaft, in der man lebt, untergraben, denn man lebt nicht nur unten oder am Rande bzw. ohne Einfluss, sondern man steht draußen. Die Ausgeschlossenen sind nicht nur ‚Ausgebeutete', sondern ‚Überflüssige' und ‚menschlicher Abfall'." Es geht nicht mehr nur darum, dass die Reichen auf Kosten der Armen immer reicher werden, sondern dass die Armen wie Müll weggeworfen werden.

Schon aus seinen Predigten als Erzbischof in Argentinien wussten wir, dass Jorge Mario Bergoglio wohl auch als Papst seine Stimme für die Armen erheben und den Mut haben werde, die Ursachen der Armut anzuprangern. Ob er etwas „bewirken" wird, steht auf einem anderen Blatt. Aufgabe eines Propheten ist es, für eine gerechte und geschwisterliche Welt einzutreten und nicht müde zu werden, alle von Menschen geschaffenen ungerechten Strukturen zu verurteilen, die für Gewalt, Tod und Ausgrenzung verantwortlich sind.

Ich habe in den Jahren seit der Wahl von Papst Franziskus erlebt, wie stark der Großteil unserer Bischöfe in Brasilien hinter diesem Papst steht. Ich denke, das gilt für ganz Lateinamerika. Ein Zeichen dafür war schon, dass unser Kardinal Dom Claudio Hummes – emeritierter Erzbischof von Sao Paulo und heute Vorsitzender der Bischöflichen Kommission für Amazonien, deren Sekretär ich bin – beim ersten Segen „Urbi et Orbi" unmittelbar nach der Wahl dicht neben dem neuen Papst auf der Loggia des Petersdoms zu sehen war. Ich kann mir gut vorstellen, dass die brasilianischen Konklave-Mitglieder schon beim ersten Wahlgang für Jorge Mario Bergoglio gestimmt haben.

Menschen auf der Flucht

Bereits seine erste Reise als Kirchenoberhaupt zeigte, wie ernst es dem Papst aus Lateinamerika mit der Option für die Armen ist. Den offiziellen Stellen im Vatikan scheint es geradezu peinlich gewesen zu sein, dass sein erster Weg auf die europäische Flüchtlingsinsel Lampedusa führte. Es sei nur „ein kurzer Besuch in der größtmöglichen Diskretion" geplant, hieß es. Tatsächlich wurde der Papst am

8. Juli 2013 von den Bootsflüchtlingen, die den lebensgefährlichen Ritt über das Mittelmeer geschafft hatten, enthusiastisch empfangen.

„Flüchtlinge, im Meer umgekommen." Schlagzeilen dieser Art, so sagte der Papst bei seiner Predigt, hätten wie ein Stachel in seinem Herzen gewirkt. „Und ich wusste, dass ich hierher kommen muss, um zu beten, um ein Zeichen der Nähe zu setzen, aber auch um unsere Gewissen zu wecken, sodass sich das, was passiert ist, nicht wiederholt. Nie wieder!"

„Kain, wo ist dein Bruder?" (vgl. Gen 4,9). Diese Frage Gottes stellte Franziskus in den Mittelpunkt seiner Predigt. Und er schloss eine weitere Frage an, in der bereits ein Grundton seiner ersten Amtsjahre anklang, seine Kritik an der Globalisierung der Gleichgültigkeit. Wörtlich sagte der Papst: „Wer hat über das alles und über Dinge wie diese geweint, über den Tod von unseren Brüdern und Schwestern? Wer hat über die Menschen geweint, die in den Booten waren? Über die jungen Mütter, die ihre Kinder trugen? Über die Männer, die etwas zum Unterhalt ihrer Familien suchten? Wir leben in einer Gesellschaft, die die Erfahrung des Weinens vergessen hat, des Mit-Leidens: die Globalisierung der Gleichgültigkeit!"

Franziskus sprach von einem „Bußgottesdienst", den er mit den Flüchtlingen auf der Insel, dem ersten europäischen Boden auf der lebensgefährlichen Überfahrt von Afrika, feierte. „Wir bitten um Verzeihung für die Gleichgültigkeit so vielen Brüdern und Schwestern gegenüber, wir bitten um Verzeihung für die, die es sich bequem gemacht haben, die sich im eigenen Wohl eingeschlossen haben und das Herz betäubt haben, wir bitten dich, Vater, um Verzeihung für diejenigen, die mit ihren Entscheidungen auf höchster Ebene Situationen wie dieses Drama hier geschaffen haben.“

Die Menschen lieben hat für Papst Franziskus ganz klar zwei Dimensionen: Erstens zu denen hingehen und bei denen sein, die unterdrückt, verfolgt, verarmt sind. Am Meeresufer in Lampedusa hat er mit den Flüchtlingen auf einem improvisierten, aus Wrackteilen ihrer Boote aufgebauten Altar die Eucharistie gefeiert. Und an seinem ersten Gründonnerstag als Papst ist er in eine römische Jugendstrafanstalt gegangen und hat dort zwölf jugendlichen Strafgefangenen die Füße gewaschen. Das ist die eine, die karitative Dimension.

Die andere Dimension dieser Liebe zu den Menschen ist die politische. Bei seiner Ansprache am 25. November 2014 vor dem Europäischen Parlament in Straßburg hat der Papst den Abgeordneten nichts von seiner Lampedusa-Erfahrung erspart. Lange bevor die deutsche Bundeskanzlerin Angela Merkel angesichts der humanitären Katastrophe der Flüchtlingsbewegung aus dem Mittleren Osten, vor allem aus Syrien, die Schleusen geöffnet hat, hatte Franziskus den europäischen Parlamentariern schwer ins Gewissen geredet.

Der Papst verschließt nicht die Augen vor den Schwierigkeiten, die mit der großen Zahl an Flüchtlingen verbunden sind, die 2015 nach Europa geströmt sind. Er lässt aber auch keinen Zweifel daran, dass dies eine humanitäre Aufgabe ist, die es zu bewältigen gilt. Sehr deutlich kamen diese beiden Pole in seiner Rede vor dem US-Kongress am

24. September 2015 zum Ausdruck: „Unsere Welt steht vor einer Flüchtlingskrise, die ein seit dem Zweiten Weltkrieg unerreichtes Ausmaß angenommen hat. Das stellt uns vor große Herausforderungen und schwere Entscheidungen." Europa und die USA dürften nicht über die Anzahl der Flüchtlinge „aus der Fassung geraten", sondern müssten sie „als Personen sehen, ihnen ins Gesicht schauen, ihre Geschichten anhören" und versuchen, menschlich, gerecht und geschwisterlich auf ihre Situation zu reagieren. Es gelte, eine heute allgemein verbreitete Versuchung zu vermeiden: dass wir alles ausschließen, was stört.

Diese Globalisierung ohne Solidarität haben wir im Sommer und Herbst 2015 durch die Flüchtlinge erlebt, die aus dem Mittleren Osten nach Europa gewandert sind. In ihrer Heimat waren sie den Kriegsschergen aller Couleurs ausgeliefert – den Fassbomben von Präsident Assad ebenso wie dem Terror des „Islamischen Staates". Die Welt hat jede Solidarität mit diesen Menschen vermissen lassen. Nicht einmal die Flüchtlingslager in Jordanien, im Libanon oder in der Türkei wurden international so unterstützt, dass dort ein einigermaßen menschenwürdiges Leben möglich gewesen wäre.

Daher haben diese Menschen keine andere Möglichkeit mehr gesehen, als ihr nacktes Leben nach Europa zu retten. Es ist eine Schande für die Europäische Union, dass sie dort teilweise mit Stacheldraht empfangen wurden. Ich selbst habe 1945 in Vorarlberg – wenn auch in einem winzig kleinen Umfeld – erlebt, was es heißt, nicht über die Grenzen zu dürfen. Meine Mutter wollte mit uns drei Kindern in der Nacht vom 2. auf den 3. Mai 1945 von Koblach nach Montlingen, dem nächsten Dorf gleich über dem Rhein in der Schweiz. In unserer Nachbargemeinde Götzis brannten 23 Häuser. Die Frauen mit Kindern, die noch in unserem Dorf waren, hatten furchtbare Angst und wollten nichts anderes als mit ihren Kindern über die Rheinbrücke. Ungefähr in der Mitte der alten, damals überdachten Brücke, war die Staatsgrenze. Und die war verriegelt. Da gab es auch Stacheldraht!

Das Empfinden, nicht dorthin zu dürfen, wo wir Rettung erhofften, hat sich bei mir als Kind ganz tief eingeprägt. Erst bei einem zweiten nächtlichen Anlauf wurden wir dann in die Schweiz hinübergelassen. Wir waren eine Nacht und einen halben Tag in der Volksschule dieser Ostschweizer Gemeinde untergebracht, deren Einwohner die Koblacher größtenteils sehr gut kannten. Koblacherinnen hatten ja Männer von jenseits der Staatsgrenze geheiratet. Liebe kennt keine Staatsgrenzen!

Die Franzosen waren inzwischen in Vorarlberg einmarschiert und es drohte für uns keine unmittelbare Gefahr mehr. Also gingen wir über die Rheinbrücke wieder zurück nach Koblach. Dennoch war die Überraschung groß, als wir nach Hause kamen. Unser Haus war besetzt. Die Mutter war schwanger. Ihr und uns drei Kindern wurde ein Zimmer im Obergeschoss zugewiesen. Die Franzosen, vorwiegend Marokkaner, haben uns aber gut behandelt.

Als ich im Fernsehen den Stacheldraht in Ungarn sah, erinnerte ich mich urplötzlich an diese Erfahrung aus meiner Kindheit. Am 8. Mai, also einige Tage nach unserer Flucht in die Schweiz, kapitulierte Nazideutschland und die Koblacher – fast nur Frauen und Kinder – fanden sich in der Kirche zu einem feierlichen Dankgottesdienst ein. Pfarrer Bildstein stimmte mit seinem unvergleichlich schönen Tenor das Te Deum an und alle sangen aus voller Kehle und mit dankbarem Herzen das „Großer Gott, wir loben dich".

Ich erinnere mich an diese Ereignisse mit einer verblüffenden Deutlichkeit. Der Krieg war zu Ende. Gott sei Dank! Wir warteten nun auf die Heimkehr unseres Vaters, der in Italien in englischer Gefangenschaft war. Für meine Mutter und die Koblacherinnen galt es nun, endlich die Felder zu bestellen, damit es nicht an unseren Grundnahrungsmitteln Riebel und Erdäpfel mangelte. Ich war damals noch nicht ganz sechs Jahre alt und wurde dann im Herbst eingeschult.

Ich will mich nicht abhängig machen

Wer die Freundlichkeit vor Augen hat und das Lächeln, das manchmal auch ein wenig verschmitzt um die Lippen des Papstes huscht, der sieht, dass Franziskus seine persönlich gelebte Bescheidenheit – oder nennen wir es ruhig Armut – nicht als Selbstkasteiung versteht. Ich selbst habe es in dieser Hinsicht immer mit der heiligen Teresa von Avila gehalten. Sie hat gesagt: „Wenn Fasten, dann Fasten. Wenn Rebhuhn, dann Rebhuhn."

Auch ein Vers aus dem Philipperbrief gehört zu dieser Haltung: „Ich habe gelernt, mich in jeder Lage zurechtzufinden: Ich weiß Entbehrungen zu ertragen, ich kann im Überfluss leben. In jedes und alles bin ich eingeweiht: in Sattsein und Hungern, Überfluss und Entbehrung. Alles vermag ich durch ihn, der mir Kraft gibt, kann alles in dem, der mich gestärkt hat" (Phil 4,11–13). Ob ich in Not und Elend bin oder ob ich Überfluss habe – ich kann mit beidem leben.

Armut heißt nicht, dass jemand darben muss. Im Gegenteil. Gegen diese Armut müssen wir ankämpfen. Darben ist keine Tugend. Jesus hat gesagt, „Ich bin gekommen, damit sie das Leben haben und es in Fülle haben" (Joh 10,10). Für mich hat Armut immer geheißen, das Notwendige zu haben – und nicht abhängig zu sein von Dingen, die nicht lebensnotwendig sind. Ich erinnere mich an eine wohlhabende Frau in Altamira, die mir zu meinem Geburtstag eine Freude machen wollte. Sie hat mir eine große, sehr golden und protzig wirkende Uhr geschenkt. Ich musste sie leider enttäuschen. Ein solches Statussymbol am Arm wäre mir tatsächlich absolut zuwider gewesen. Bei einer Eucharistiefeier hätte die Aufmerksamkeit der Leute nicht Kelch und Hostie gegolten, sondern dem kostspieligen Chronometer an meinem linken Handgelenk. Die Frau hat das auch eingesehen und war gottlob nicht beleidigt. Sie hat mir dann eine bescheidenere Uhr geschenkt, die ich gern getragen habe.

Nicht abhängig sein heißt für mich auch, dass ich zwar meine alltäglichen Lebensgewohnheiten und -gepflogenheiten habe, aber auch ohne sie zurechtkomme. Wenn ich einmal kein Mittagessen habe, dann gibt es ein Abendessen, und wenn einmal kein Abendessen da ist, dann gibt es eben am nächsten Tag wieder etwas.

Selbstverständlich ist es angenehmer, in einem Auto mit guten Stoßdämpfern zu fahren. Es ist auch gesünder für den Rücken. Wer die Straßenzustände in Amazonien kennt – die weltberühmte Transamazônica nicht ausgeschlossen –, der weiß, wovon ich rede. Aber wenn ich einmal in einem weniger guten Auto mitfahren muss, dann ist das so und ich beklage mich nicht. Ich möchte mich von diesen Dingen nicht so beeinflussen lassen, dass ich nicht mehr frei bin.

Das ist auch das Wunderbare an Franz von Assisi: Er hat sich völlig freigespielt von seiner Herkunft und von seinem Stand. Und er ist damit eines geworden: zufrieden. Wenn man über alles schimpft und sich ständig beklagt, dass dieses besser und jenes anders sein könnte, dann wird man zum Sklaven der eigenen Wünsche und Illusionen. Zufrieden sein macht dankbar, und dankbar sein macht frei. Es kostet mich nichts, dass ich danke sage – „Schön hast du das gemacht!" –, wenn mir jemand etwas Gutes getan hat. Dankbarkeit weitet den Blick dafür, dass nicht alles selbstverständlich ist, was mir in meinem Leben zugekommen ist und was andere für mich getan haben und tun.

Als ich im August 2015 in Gmunden ankam, wo ich zu einem Vortrag bei den Wiener Vorlesungen eingeladen war, ist ein Bub – er muss etwa 13 oder 14 Jahre alt gewesen sein – auf mich zugekommen und hat gefragt: Darf ich Ihnen helfen? Ich bedankte mich, denn ich hatte nur wenig Gepäck. Ich glaube kaum, dass der Bub mich als „Bischof" erkannt und mir deshalb seine Hilfe angeboten hat. Er wollte einfach einem „Opa" helfen. Der Jugendliche hat diese Begegnung mit mir am Bahnsteig von Gmunden sicher längst vergessen. Aber für mich war es ein Erlebnis: ein wunderbares, herzliches Zeichen der Hilfsbereitschaft eines jungen Menschen. Selbst ohne seine Hilfe zu benötigen, war ich ihm von Herzen dankbar.

Dankbarkeit bedeutet, dass die zwischenmenschliche Beziehung mit einer Person herzlich ist. Dankbarkeit ist nicht berechnend, wen oder was ich vielleicht einmal brauchen könnte. Es gibt Leute, die sich schwer mitteilen können und dann einfach sagen: Ich weiß nicht, wie ich mich ausdrücken soll, aber ich bin dir einfach unendlich dankbar. In Brasilien drückt sich diese Dankbarkeit meist mit überschwänglichen Gesten der Verbundenheit und der Zuneigung aus. Da wird umarmt, geküsst, auf die Schultern geklopft.

Ich bin dankbar für die – trotz aller Armut – frohe Lebensart der Menschen am Xingu und für ihre Zuneigung, die ich bis heute erfahre. Je älter ich werde, desto tiefer geht das. Wenn ich am Samstag oder Sonntag zum Gottesdienst in die Kirche komme, gehe ich durch die Reihen und begrüße jede und jeden persönlich. Dann stehe ich am Portal, um die weiteren Gottesdienstbesucher zu begrüßen. Das dauert manchmal einige Zeit, aber die Leute erwarten das und schenken mir ihr schönstes Lächeln. Sie halten mir die Kinder entgegen, damit ich ihnen ein Kreuzzeichen auf die Stirn zeichne.

Als ich im Juni 1983 bei einer Solidaritätsaktion auf der Transamazônica von der Militärpolizei niedergeschlagen wurde, riefen die Leute: „Lasst ihn los, er ist unser Bischof!" Sie hätten auch rufen können: „Lasst ihn, er ist *ein* Bischof!" Aber nein, sie schrien: Er ist „unser" Bischof. Sie hatten mich längst als einen der ihren angenommen. Das stand damals in dem Zusammenhang, dass ich ihre Rechte verteidigt und mich solidarisch mit ihnen erklärt hatte. Aber mit den Jahrzehnten ist diese Verbundenheit immer herzlicher geworden.

Eine ganz außergewöhnliche Reaktion löste der Rücktritt von Papst Benedikt XVI. bei einer typischen Afrobrasilianerin in Anapu aus. Als die Medien darüber berichteten, begann Andressa vor dem Fernsehschirm zu weinen, nicht weil der Papst zurückgetreten war, sondern weil sie befürchtete „Jetzt werden sie unseren ‚Dom' holen!" Noch bevor das Konklave begann, in dem Jorge Mario Bergoglio zum Papst gewählt wurde, war es Aufgabe von Padre Amaro, Pfarrer von Anapu, Andressa zu beruhigen und zu überzeugen, dass sie sich absolut keine Sorgen machen müsse. Die Kardinäle würden sicher einen aus ihrer Mitte wählen. Dom Erwin sei ja kein Kardinal, sondern nur ein ganz einfacher Bischof am Xingu.

Als ich mit 75 Jahren dem Papst meinen Rücktritt angeboten habe, waren die Leute gleich einmal besorgt und haben mich gefragt, ob ich sie denn verlassen würde, wenn ein Nachfolger komme. Das ist so ganz von innen gekommen, das habe ich einfach gespürt. Ich habe immer geantwortet: Einen alten Baum darf man nicht versetzen. Wenn man einen alten Baum versetzt, dann stirbt er.

Auch von meinen Mitbrüdern in der Brasilianischen Bischofskonferenz habe ich immer eine innige Verbundenheit erfahren. Ich habe das Amt als Vorsitzender des Rates für Indigene Völker (CIMI) der Bischofskonferenz über mehrere Funktionsperioden ausgeübt, weil ich immer wieder gewählt wurde. Am 17. September 2015, also schon vor meiner Emeritierung als Bischof, konnte ich dieses Amt abgeben – in dem Wissen, dass auf meinen Vorschlag hin ein ausgezeichneter Nachfolger gewählt wurde: Dom Roque Paloschi, bislang Bischof vom Roraima. Er wurde kurz nach seiner Wahl zum Präsidenten des CIMI zum Erzbischof vom Porto Velho ernannt. Er erhielt die Stimmen aller Wahlberechtigten mit Ausnahme der seinen, so wie es sich gehört.

Was uns die Heilige Schrift sagt: Drei Lebensregeln aus der Bibel

Die Ersten werden die Letzten sein (Mt 19,30)

Der Papst aus dem Süden und die großen Flüchtlingsströme nach Europa sind ein Zeichen, dass die Welt an einem Wendepunkt steht. Jahrhundertelang hat der Norden sehr stark auf Kosten des Südens gelebt. Jetzt klopfen die Marginalisierten, die an den Rand Gedrängten an den Toren der Wohlhabenden an. Die Werteordnung ist dabei, sich umzukehren. Jeder und jede Einzelne ist angefragt, auf welcher Seite er oder sie steht. In Europa sind die Flüchtlinge, die von überall her kommen, eine Herausforderung. In Brasilien sind es die Indios, die man jahrhundertelang verdrängt und getötet hat. Die Indios klopfen längst an die Tore der

Reichen. Sie haben nie aufgegeben. Sie sagen, wir sind Menschen und möchten als Menschen behandelt werden.

Der Herr sprach zu Mose: Sag den Israeliten, sie sollen aufbrechen (Ex 14,15)

Unterdrückung und Flucht sind zwei Seiten derselben Medaille. Menschen fliehen nie freiwillig aus ihrer Heimat. Sie nehmen Opfer und Strapazen auf sich, die sie an den Rand ihrer Existenz bringen. Das klassische biblische Bild dafür ist der Auszug aus Ägypten. Vierzig Jahre hat das Volk Israel durch die Wüste wandern müssen. Viele von denen, die aufgebrochen waren, haben das Gelobte Land nicht erreicht. Und wie oft sehnte sich Israel nach den Fleischtöpfen Ägyptens zurück und rebellierte gegen Mose: „Wenn uns doch jemand Fleisch zu essen gäbe! Wir denken an die Fische, die wir in Ägypten umsonst zu essen bekamen, an die Gurken und Melonen, an den Lauch, an die Zwiebeln und den Knoblauch. Doch jetzt vertrocknet uns die Kehle ..." (Num 11,4–6)

Ihr könnt nicht Gott dienen und dem Mammon (Mt 6,24)

Der „Jedermann", das Spiel vom Leben und Sterben des reichen Mannes auf dem Salzburger Domplatz, bringt es jedes Jahr auf den Punkt: Die Anhäufung von Reichtum und ein gottgefälliges – was auch so viel heißt wie menschenwürdiges – Leben sind ein Widerspruch in sich. Es liegt in der Natur des Geldes, dass es immer nach mehr heischt. Das macht abhängig und unfrei. Ich habe den „Jedermann"-Schrei von der Festung herunter als Student noch in Erinnerung. Es ist ein Ruf, der einem durch Mark und Bein geht.

3.
ACHTE DIE SCHÖPFUNG

Der Mensch und seine Mitwelt

Die eine Dimension, die mit Papst Franziskus in der Mitte der Kirche angekommen ist, ist die Armut. Die andere – und das gehört für ihn unmittelbar zusammen – ist die Mitwelt. Es zieht sich wie ein roter Faden durch die Enzyklika „Laudato si'", dass die Erde nicht einfach eine anonyme *Umwelt*, sondern unsere *Mitwelt* ist. Franziskus stellt damit den oft missverstandenen Satz der Bibel „Macht euch die Erde untertan" (Gen 1,28) in ein neues Licht. Die Bibel meint damit: bebaut, behütet, hegt und pflegt die Erde. Dabei sieht Franziskus die Erde nicht außerhalb des Menschen, es geht um die Mitwelt, zu der wir Menschen dazugehören – und über die wir in Ehrfurcht staunen können.

Franziskus sagt, jedes Geschöpf habe allein dadurch, dass es existiere, eine Botschaft. Ob es in der Tierwelt ist, in der Pflanzenwelt oder in der unbelebten Natur der Steine – alles ist ein Ausdruck der Zärtlichkeit, mit der Gott diese Welt geschaffen hat. Im Verständnis von Franziskus gibt es nicht auf der einen Seite den Menschen und auf der anderen Seite – irgendwo dort drüben – die Ökologie. Für ihn ist die Schöpfung eine Einheit.

Das erste Apostolische Schreiben „Evangelii gaudium" und die Enzyklika „Laudato si'" gehören zusammen. Das Evangelium als die frohe Botschaft für den Menschen, das ist „Evangelii gaudium". Das Evangelium als die frohe Botschaft für den Menschen und seine Mitwelt, das ist „Laudato si'".

Ganz im Sinne des Sonnengesangs seines Vorbilds Franz von Assisi bleibt der Papst seinem Namen Franziskus treu. Er spricht wie sein Namenspatron von der wunderbaren Harmonie, die jeden Menschen mit Gott, mit den anderen, mit der Natur und mit sich selbst verbindet. Franziskus spricht von einer „menschlichen" Ökologie, in der der Mensch nicht der Herr der Umwelt ist, sondern in der er seine Mitwelt mit Staunen bewundert und mit Hingabe pflegt.

Das deckt sich genau mit der Haltung der indigenen Völker. Sie haben dafür den Ausdruck *Sumak Kawsay*, das heißt „gutes Leben". Dieses gute Leben ist ein Leben in Harmonie mit dem Höchsten, mit den Mitmenschen und mit der Natur. Das ist das Gegenteil einer anthropozentrischen Sicht, die nur den Menschen im Mittelpunkt sieht und einen Graben aufreißt zwischen ihm und seiner Mitwelt.

Das Schönste ist, dass man kein abgeschlossenes Theologiestudium braucht, um „Laudato si'" lesen zu können. Jeder Mensch kann das Anliegen des Papstes verstehen. Daher wird diese Enzyklika ihre Wirkung nicht verfehlen. Denn der Papst ist nicht einfach auf den bereits abgefahrenen Zug der internationalen Diskussionen über den Klimawandel aufgesprungen, sondern er geht dieses Thema in seiner ganz eigenen Art an. Er möchte darauf hinweisen, was Klimawandel für die betroffenen Menschen heißt, und das sind die Armen.

Für die Ökologie hat Papst Franziskus eine ähnliche Bedeutung wie für die Befreiungstheologie. Er würde sich selbst nie als Befreiungstheologen bezeichnen. Aber mit ihm ist die Befreiungstheologie mit ihrem Grundanliegen – die Armen, die Ausgeschlossenen, die Überflüssigen – in der Mitte der Kirche angekommen. Genauso ist es jetzt mit der Ökologie, mit der Sorge um unsere Mitwelt: „die Sorge für das gemeinsame Haus". Auch die Ökologie hat jetzt die Mitte der Kirche erreicht.

Die Päpste Paul VI., Johannes Paul II. und Benedikt XVI. haben das Thema manchmal angesprochen. Ich denke etwa an die Botschaft Pauls VI. an die FAO, die Ernährungs- und Landwirtschaftsorganisation der Vereinten Nationen. Anlässlich ihres 25-jährigen Bestehens am 16. November 1970 hat ein Papst zum ersten Mal ganz entschieden zum Umweltproblem Stellung genommen: „Der Mensch hat durch Jahrtausende die Natur unterworfen und die Erde beherrscht. Es ist nun endlich an der Zeit, dass er sich selbst beherrscht." Auch an die erste Konferenz der Vereinten Nationen über Umwelt und Entwicklung in Stockholm richtete Paul VI. am 1. Juni 1972 eine eigene Botschaft.

Im Jahre 1997 war ich Delegierter der Brasilianischen Bischofskonferenz bei der Amerika-Synode (16. November bis 12. Dezember 1997) im Vatikan. Selbstverständlich brachte ich mich dabei ein und sprach über die Zerstörung Amazoniens. Mein Beitrag zur Synode fand dann seinen Niederschlag im Apostolischen Schreiben von Papst Johannes Paul II. „Ecclesia in America": „Wie viel Missbrauch wird auch in vielen Gegenden Amerikas betrieben, und wie viel Schaden wird auch dort der Umwelt zugefügt! ... Diese Zerstörungen können nicht wenige Bereiche des amerikanischen Kontinents in totale Wüsten verwandeln, was unvermeidlich zu Hunger und Not führen würde. Das Problem stellt sich besonders intensiv in den Amazonaswäldern … Durch seine biologische Vielfalt ist dieser Regenwald einer der am meisten geschätzten natürlichen Lebensräume auf der Welt, da er für das ökologische Gleichgewicht des ganzen Planeten lebensnotwendig ist" (EA 25).

Diese und andere Äußerungen der Päpste waren sicher von Bedeutung, aber es gab zum Thema Ökologie nie eine Enzyklika, also ein offizielles päpstliches Lehrschreiben. Das haben wir jetzt mit „Laudato si'" und darin liegt der große Unterschied zu allen bisherigen päpstlichen Aussagen: Die Ökologie ist in der Kirche kein Randproblem mehr. Sie erhält einen ganz besonderen Stellenwert und interpretiert und vertieft im Grunde das, was wir im Credo beten: „Ich glaube an Gott, den Vater, den Allmächtigen, den Schöpfer des Himmels und der Erde."

Amazonien – Lebensraum bedrohter Völker

Die indigenen Völker in Amazonien sind in ihrem Überleben bedroht, in ihrem physischen wie in ihrem kulturellen Überleben. Man spricht daher von Genozid und Ethnozid. Beides ist in Brasilien topaktuell. Es gibt materielle Armut, aber die äußerste Armut ist noch nicht, am Hungertuch zu nagen, sondern nicht so *sein* zu dürfen, wie ein Mensch von Geburt her ist. Den Indios wird ihre Identität abgesprochen. Das ist das Ärgste, was einem Menschen oder Volk passieren kann: nicht sein dürfen. Wir sprechen daher heute in Brasilien nicht nur von den materiell Armen, sondern von den Armen und von den anderen, also von Menschen, die sich kulturell von der Mehrheit der brasilianischen Gesellschaft unterscheiden. Sie werden ausgegrenzt, weil sie eben „anders" sind und ihre Muttersprache nicht Portugiesisch ist, sondern eine der 180 indigenen Sprachen, die in Brasilien heute noch gesprochen werden.

Die Verfassung von 1988 hatte vorgesehen, dass binnen fünf Jahren alle Gebiete dieser indigenen Völker abgegrenzt werden. Diese Frist ist 1993 abgelaufen. Bis heute wurde aber nur etwa die Hälfte der Gebiete gekennzeichnet und geschützt. Der Vorgang für eine solche Gebietsabgrenzung ist genau geregelt. Zuerst muss festgestellt werden, ob indigene Völker seit unvordenklicher Zeit in einem Gebiet leben. Wenn das der Fall ist, hat der Staat die Aufgabe, diese Gebiete abzugrenzen und sie als solche zu deklarieren. Der Demarkierungsprozess ist abgeschlossen, wenn der Präsident bzw. die Präsidentin mit seiner bzw. ihrer Unterschrift offiziell erklärt, dass ein bestimmtes Territorium Indigenes Gebiet ist und als solches im Sinne der Verfassung (Art. 231 und 232) respektiert werden muss.

Diese ausgewiesenen Gebiete sind keine Enklaven, aber sie sind in besonderer Weise vor dem Eindringen anderer geschützt. Wenn dieser Schutz nicht gewährleistet ist, werden diese Völker andauernd von allen möglichen Eindringlingen belästigt, denen es um Bodenschätze und andere Naturreichtümer geht. Immer wieder ist zu hören: Wozu brauchen die Indios ein an Bodenschätzen reiches Territorium, das sie ja gar nicht ausbeuten. Sie bringen damit Brasilien um ungeahnte Exportmöglichkeiten.

Solche Erwägungen laufen darauf hinaus, dass die Regierung von weiteren Demarkierungen abzusehen und die bereits abgeschlossenen Demarkierungsprozesse zu revidieren habe. Im Nationalkongress werden zurzeit diesbezügliche Vorschläge für eine Verfassungsänderung diskutiert. Die mehrheitlich gegen die indigenen Völker eingestellten Abgeordneten und Senatoren, die sich dem Agrobusiness verpflichtet fühlen, wollen die Änderungen der entsprechenden Verfassungsartikel rücksichtslos und unverzüglich durchboxen. Für sie sind die Indios nach wie vor *bugres* oder *caboclos* (minderwertige, fortschrittshemmende, nichtsnutzige Menschen).

Zur Rechtfertigung dieser so eklatant indiofeindlichen Haltung wird das magische Wort „nationales Interesse" beschworen. Demgegenüber heißt es in der Brasilianischen Bundesverfassung tatsächlich im Artikel 231 § 3: „Die Nutzung der Wasserressourcen einschließlich der Energiepotenziale, die Erschließung und Ausbeutung der Bodenschätze, soweit sie sich auf Indio-Gebiet befinden, dürfen nur mit Genehmigung des Nationalkongresses und nach Anhörung der betroffenen Stämme erfolgen."

Die Regierung wollte nun beim Bau des ökologisch und in sozialer Hinsicht höchst fragwürdigen Kraftwerks Belo Monte den Gesetzesparagraphen entsprechen und im Vorfeld des Großunternehmens eine Anhörung der betroffenen indigenen Völker „veranstalten". Ich sage „veranstalten", denn was geschah, war weiter nichts als eine Augenauswischerei, ein So-tun-als-ob. Die Öffentlichkeit und vor allem das Ausland sollten den Eindruck bekommen, dass alles rechtens ist. Wie jedes Land legt auch Brasilien großen Wert darauf, international als Rechtsstaat angesehen zu werden. Brasilien will vor der Weltöffentlichkeit immer gut dastehen. Man kann es sich deshalb nicht leisten, die Rechte der indigenen Völker zu missachten.

Es ging bei Belo Monte also darum, nach außen den Anschein zu erwecken, dass eine rechtlich korrekte Anhörung durchgeführt worden sei. In Wirklichkeit handelte es sich um mit Halbwahrheiten durchsetzte Informationen, die Regierungsvertreter den Indios in ihren Dörfern vorsetzten. Vor allem aber sprachen die Abgesandten aus Brasilia vom vielen Geld, das Belo Monte bringen werde. Was auf die Indios zukomme, das sei für sie ein noch nie da gewesener Vorteil. Sie würden durch den Bau des Staudamms reich werden.

Von einer „Anhörung" konnte also keine Rede sein. Niemand hat die Indios gefragt, ob sie dafür oder dagegen sind. Nach Abschluss des Informationsvortrags wurde ein mit dem Titel „Anhörung der Indios" überschriebenes Protokoll erstellt, um damit zu beweisen, dass alle rechtlichen Kriterien erfüllt worden seien. Wir haben dagegen protestiert, weil wir das genaue Gegenteil beweisen konnten. Aber jede Intervention wurde unter Berufung auf das „Protokoll" abgewimmelt.

Das Kraftwerk wurde gebaut und ein Drittel der Stadt Altamira ist durch den Stausee überflutet. Ein Gutteil der

Bevölkerung, die in jenen Stadtvierteln gewohnt hat, wird in ihren Menschenrechten nicht respektiert. Am Anfang hat man Großgrundbesitzern hohe Abfertigungen ausbezahlt. Das hat sich herumgesprochen und es entstand der Eindruck: Wir verlieren nichts, wir gewinnen. Damit hat man die Leute beruhigt – in Österreich würde man sagen, man hat sie bewusst hinters Licht geführt und eingelullt.

Heute sehen wir, dass die versprochenen Ersatzhäuschen bei weitem nicht ausreichen. Es gibt hunderte Familien, die nicht wissen, wo sie hin sollen. Die allermeisten bekommen nur eine Abfertigung weit unter den Summen, die am Anfang ausbezahlt wurden. Der Betrag wird von dem Baukonsortium im Einvernehmen mit der Politik festgelegt. Man sagt: Du bekommst 20.000 Euro, obwohl der Betreffende vielleicht Anspruch auf 70.000 Euro hätte. Dazu kommt, dass viele dieser Menschen nie gelernt hatten, mit solchen Summen umzugehen. Vielen zerrinnt das Geld buchstäblich zwischen den Fingern. Sie werden zu Sozialfällen ersten Ranges.

Auf die Armen schauen heißt daher vor allem, auf ihre Rechte schauen und sie konsequent einfordern. Sie allein haben keine Chance sich zu wehren, wenn sie von ihren Gebieten vertrieben werden, weil es dort Bodenschätze gibt oder weil man Soja anbauen will. Es braucht Menschen, die sie unterstützen. Ich bin überzeugt, dass es die indigenen Völker ohne die katholische Kirche und ohne den Bischöflichen Rat für die Indigenen Völker nicht mehr gäbe. Es ist vielen ein Dorn im Auge, dass die Kirche nach wie vor auf diese Rechte pocht. Dass wir nicht nur sagen, wir sind karitativ für diese Völker da, sondern dass

wir sagen, wir fordern die Wahrung der in der brasilianischen Verfassung festgeschriebenen indigenen Rechte.

Ich möchte nicht sagen, dass wir die Einzigen sind, die
sich für die Rechte der Indios einsetzen. Aber die Kirche
ist in dieser Hinsicht doch eindeutig die kräftigste Stimme. Die Rückendeckung durch die Bischofskonferenz
ist dabei von großer Bedeutung. Dazu kommt, dass wir
überall da sind, wo es um Indios geht: im Norden, im Süden, im Osten, im Westen dieses kontinentalen Landes.

Es gibt aber auch immer mehr Organisationen der Indios selbst. Es vergeht kaum eine Woche, dass nicht eine
Indio-Abordnung beim Nationalkongress vorstellig wird.
Die Indios gehen selbst nach Brasilia und nehmen ihr Heft
in die Hand. Das war früher nicht der Fall. Unsere Aufgabe ist es dabei, logistischen und juridischen Beistand zu
leisten und sie mit unseren Rechtsanwälten und anderen
Sachverständigen zu unterstützen.

Der ganze Kampf für die indigenen Völker und mit ihnen zusammen steht auf drei Säulen: die Selbstorganisati-
on der indigenen Völker, die kirchliche Unterstützung vor
Ort und die internationale Rückendeckung – diese jetzt
sogar in Form eines offiziellen Lehrschreibens des Papstes.
Das hat es bisher nicht gegeben. Der Papst sagt, die indigenen Völker seien nicht irgendwer, sondern diejenigen,
die am besten in der Lage seien, den Regenwald zu schützen. Man könne diesen Menschen nicht im Namen des
Fortschritts vorschreiben, was sie unter Lebensqualität zu
verstehen hätten.

Das gibt uns Hoffnung: Wenn alle indigenen Gebiete
tatsächlich abgegrenzt werden, wenn die Nationalparks

respektiert und behütet werden und wenn vielleicht noch einige dazukommen, dann wäre damit wenigstens ein Drittel von Amazonien gerettet. Dann könnten die indigenen Völker und mit ihnen und durch sie ihre Mitwelt, der tropische Regenwald in Amazonien, überleben. Das streben wir an, dafür kämpfen wir.

„Laudato si'" – ein Höhepunkt meines Lebens

Oft werde ich von Journalisten gefragt, was die schrecklichsten Erfahrungen in meinem Leben gewesen seien. Dann erzähle ich von Augenblicken, in denen es mir die Stimme verschlagen hat. Ich denke an jene Stunde, als ich vor dem Sarg von Schwester Dorothy stand, die erschossen worden war. Ich denke an meinen guten Freund Dema, ein Familienvater von vier Kindern, der sich genauso wie Dorothy für Amazonien und gegen den Staudamm Belo Monte eingesetzt hat. Auch er wurde erschossen und fiel seiner Frau Maria da Penha tot zu Füßen. Ich denke an Padre Salvatore Deiana, der bei jenem mysteriösen Unfall an der Transamazônica am 16. Oktober 1987 neben mir starb. Ich denke an meinen Mitbruder Hubert Mattle, der am Eingangstor unseres Hauses in Altamira erschossen wurde. Jahrelang hatte er sein Zimmer genau neben dem meinen. Ich denke an die kriminelle Zerstörung der Flora und Fauna in Zusammenhang mit dem Kraftwerk Belo

Monte. Das alles sind Erfahrungen, die ich nie im Leben abhaken kann.

Aber es gibt auch, Gott sei Dank, die positiven Erfahrungen. Eine der schönsten war für mich 1987 die verfassungsgebende Versammlung in Brasilien, bei der es uns gelang, die Rechte der indigenen Völker in der Verfassung zu verankern. Ihr Lebensrecht, vor allem auch ihr Recht auf ihr angestammtes Land, ist in den Artikeln 231 und 232 festgeschrieben. Auch die großen, alle fünf Jahre stattfindenden Versammlungen des Volkes Gottes am Xingu waren für mich jedes Mal Highlights und so etwas wie Meilensteine in den 35 Jahren meines Dienstes als Bischof vom Xingu. Jede der rund 800 kleineren und größeren Gemeinden ist dabei vertreten und wir haben gemeinsam unsere seelsorglichen Schwerpunkte diskutiert und beschlossen.

Aber einer der bedeutendsten Höhepunkte meines Lebens ist die Enzyklika „Laudato si'". Sie ist ein Segen für Amazonien. Es ist für die indigenen Völker in Brasilien ganz wunderbar, dass Papst Franziskus alle Anliegen aufgegriffen hat, die ich ihm am 4. April 2014 in Rom unterbreiten konnte. Für Amazonien ist diese Enzyklika ein politischer Sieg sondergleichen. Insbesondere Nummer 38 ist für uns eine ungeheure Bestätigung und Stärkung. Dazu kommt der Absatz 146, den Franziskus den indigenen Völkern widmet.

Unser Einsatz für die indigenen Völker ist ab jetzt nicht mehr nur eine Ausrichtung, die der Bischof von Xingu und einige andere vertreten. Der Papst selbst hat den Finger auf diese klaffende Wunde gelegt, und das ist ein ganz neuer, qualitativ anderer Ausgangspunkt für alle Debatten. Ab jetzt kann die brasilianische Regierung die Zerstörung des Regenwaldes und die Unterdrückung der indigenen Völker nicht mehr als innerbrasilianische Angelegenheit bezeichnen. Denn der Papst aus Lateinamerika hat auf die Bedeutung von Amazonien und der indigenen Völker für den ganzen Planeten Erde hingewiesen. Wir können in Zukunft bei allen Auseinandersetzungen mit der Regierung oder dem Nationalkongress und in unseren Forderungen an die Regierung den Papst zitieren.

Die indigenen Völker sind für Franziskus die Aborigenes, die ersten Bewohner, die Ureinwohner Amazoniens. Es geht nicht um irgendwelche kleine Völker, sondern um die Ureinwohner, ob das in Brasilien, Australien oder Afrika ist. Es sind nicht irgendwelche Minderheiten, sondern die ersten Völker, die jeweils dort gewohnt haben, mit ihrer eigenen Kultur, ihrer eigenen Sprache, ihrem eigenen Gemeinschaftsverständnis. Das kann man politisch nicht einfach ignorieren. Denn diese Völker sind genau die, die ihre Heimat auch ökologisch bewahren.

Die größte Absurdität in Brasilien ist, dass die Indios von vielen wie Ausländer in ihrer eigenen Heimat betrachtet und behandelt werden. Die verschiedenen Völker leben seit 12.000 Jahren, manche sagen sogar seit 40.000 Jahren in der Amazonasregion. Alle anderen, die Weißen wie die Schwarzen, deren Nachkommen sich heute als das brasilianische Volk verstehen, sind erst seit ein paar Jahrhunderten nach Amazonien gekommen.

Mit Freude über unsere indigenen Völker und mit Stolz auf unseren Papst aus Lateinamerika zitiere ich die für uns so wichtigen Nummern 38, 145 und 146 aus der Enzyklika „Laudato si'":

„Nennen wir zum Beispiel jene an biologischer Vielfalt überreichen Lungen des Planeten, die das Amazonasgebiet und das Kongobecken darstellen, oder die großen Grundwasservorkommen und die Gletscher. Wir wissen um die Bedeutung dieser Orte für die Gesamtheit des Planeten und für die Zukunft der Menschheit. Die Ökosysteme der tropischen Urwälder enthalten eine biologische Vielfalt von einer enormen Komplexität, die ganz zu kennen beinahe unmöglich ist, doch wenn diese Wildnisse niedergebrannt oder eingeebnet werden, um Bodenbewirtschaftung zu entwickeln, gehen in wenigen Jahren unzählige Arten verloren, wenn die Gebiete sich nicht sogar in trockene Wüsten verwandeln. Dennoch sieht man sich, sobald man über diese Orte spricht, zu einem heiklen Balanceakt gezwungen, denn man darf auch nicht die enormen internationalen wirtschaftlichen Interessen außer Acht lassen, die unter dem Vorwand, für diese Orte zu sorgen, gegen die Souveränität der betroffenen Nationen verstoßen können. (LS 38)

Viele höchst konzentrierte Formen der Ausbeutung und der Schädigung der Umwelt können nicht nur die lokalen Mittel des Fortbestands erschöpfen, sondern auch die sozialen Fähigkeiten zunichtemachen, die eine Lebensweise ermöglicht haben, die über lange Zeit eine kulturelle Identität sowie einen Sinn der Existenz und des Zusammenlebens gewährt hat. Das Verschwinden einer Kultur kann genauso schwerwiegend sein wie das

Verschwinden einer Tier- oder Pflanzenart, oder sogar noch gravierender. Die Durchsetzung eines vorherrschenden Lebensstils, der an eine bestimmte Produktionsweise gebunden ist, kann genauso schädlich sein wie die Beeinträchtigung der Ökosysteme. (LS 145)

In diesem Sinne ist es unumgänglich, den Gemeinschaften der Ureinwohner mit ihren kulturellen Traditionen besondere Aufmerksamkeit zu widmen. Sie sind nicht eine einfache Minderheit unter anderen, sie müssen vielmehr die wesentlichen Ansprechpartner werden, vor allem wenn man mit großen Projekten vordringt, die ihre Gebiete einbeziehen. Denn für sie ist das Land nicht ein Wirtschaftsgut, sondern eine Gabe Gottes und der Vorfahren, die in ihm ruhen; ein heiliger Raum, mit dem sie in Wechselbeziehung stehen müssen, um ihre Identität und ihre Werte zu erhalten. Wenn sie in ihren Territorien bleiben, sind es gerade sie, die am besten für sie sorgen. In verschiedenen Teilen der Erde stehen sie jedoch unter Druck, ihr Land aufzugeben, um es für Bergbauprojekte bzw. land- und viehwirtschaftliche Pläne frei zu lassen, die nicht auf die Schädigung der Natur und der Kultur achten. (LS 146)"

Der Papst geht auf die politischen Absichten der wirtschaftlichen Ausbeutung Amazoniens ein und sagt ganz klar, dass diese „einzig und allein den ökonomischen Interessen der transnationalen Unternehmen" dienen. Und er unterstützt ausdrücklich die Arbeit „von internationalen Organisationen und Vereinigungen der Zivilgesellschaft, welche die Bevölkerungen sensibilisieren und kritisch mitwirken – auch unter Einsatz legitimer Druckmittel –, damit jede Regierung ihre eigene und nicht delegierbare Pflicht erfüllt, die Umwelt und die natürlichen Ressourcen ihres Landes zu bewahren, ohne sich an unehrliche lokale oder internationale Interessen zu verkaufen." (LS 38) In Brasilien sind es vor allem die internationalen Interessen, an die Amazonien verkauft wird. So kommt zum Beispiel das Kraftwerk Belo Monte, dessen nachhaltige Schädigung der Mitwelt und der Flussbewohner am Xingu wir in der Region tragen müssen, eben dieser Region überhaupt nicht zugute. Der Strom wird in die Metropolen im Süden Brasiliens und ins Ausland geliefert werden.

Was uns die Heilige Schrift sagt:
Drei Lebensregeln aus der Bibel

Gott, der Herr, nahm also den Menschen und setzte ihn in den Garten von Eden, damit er ihn bebaue und hüte (hege und pflege) (Gen 2,15)
In Amazonien erlebe ich jeden Tag die ganze Tragik, die sich für die Menschen ergibt, wenn ihre Mitwelt rücksichtslos ausgebeutet wird. Wir haben in unserem Kampf gegen das Mega-Kraftwerk Belo Monte erlebt, dass die wirtschaftlichen Interessen stärker sind als Recht und Gerechtigkeit. Trotzdem ist jeder und jede Einzelne angefragt: Wie schaut mein ganz persönlicher ökologischer Fußabdruck aus? Wie und wo könnte ich auf die Vergeudung von Ressourcen verzichten? Sind meine Lebensver-

hältnisse überzogen oder entsprechen sie dem Vorbild, das Papst Franziskus gibt, wenn er bei seinem offiziellen Besuch in den USA vor dem Kapitol in Washington in einem Kleinwagen vorfährt?

Seht die Vögel des Himmels. Schaut die Lilien des Feldes (Mt 6,26–29)

Ich habe das Glück gehabt, als junger Mensch in Vorarlberg einen engen Bezug zur Natur zu erleben. Wandern war und ist für mich eine der intensivsten Begegnungen mit der Schöpfung. Wandern ist die Erfahrung, dass ich Zeit habe. Damit ist auch das Staunen über die Natur verbunden. Ob in den Bergen, in der Riedlandschaft, im Wald, es gibt immer etwas zu bestaunen. Die Tragödie unserer Zeit ist, dass alles nur unter dem wirtschaftlichen Aspekt gesehen wird: Was bringt es, was habe ich davon? Die Schöpfung Gottes hat einen Wert an sich, sie ist uns nicht nur zur Verwertung gegeben.

Wissen wir es zu schätzen, dass wir in Österreich, was die Landschaft und die Natur betrifft, auf einer Insel der Seligen leben? Leben wir nach dem Modell Hamsterrad oder halten wir es mit den Vögeln des Himmels und den Lilien des Feldes, die nicht säen und nicht ernten und nichts in Scheunen sammeln, und die der Vater im Himmel doch ernährt?

Lobet den Herrn all seine Geschöpfe (Ps 103,22)

„Gelobt seist du mit all deinen Geschöpfen" – so beginnt der Sonnengesang des heiligen Franziskus. Er verbindet zwei wesentliche Haltungen gegenüber der Natur: Bewunderung und Dankbarkeit. Es war für mich immer der beste Start in den Tag, wenn ich in schnellem Gang an unserem Fluss, dem Xingu, entlanggehen und dabei meine Morgenmeditation machen konnte. Seit ich unter Polizeischutz stehe, ist dieser frühmorgendliche Ausflug nicht mehr möglich. Ich vermisse das sehr.

Etwas vom Schönsten am Xingu ist der Aufgang des Vollmondes, wenn er blutrot aus dem Wasser steigt. Das erinnert mich an das „Mysterium Lunae", bei den Kirchenvätern ein bevorzugtes Bild für die Kirche: Der Mond hat kein eigenes Licht, es ist Reflex der Sonne. „Fulget Ecclesia non suo sed Christi lumine", sagt Ambrosius. „Die Kirche leuchtet nicht aus eigener Kraft, sondern durch das Licht Christi." Auch ein Prophet strahlt nicht eigenes Licht aus. Er ist von Gott berufen, zu gehen, wo Gott ihn hinschickt, und zu sagen, was Gott ihm aufträgt (vgl. Jeremia 1,7: „Wohin ich dich sende, sollst du gehen, und was ich dir auftrage, das sollst du verkünden").

Ich sage den Menschen, schaut euch diesen aufgehenden Mond oder auch die untergehende Sonne wieder einmal an. Nehmt es nicht als selbstverständlich. Die Zeit, in der wir uns besonders mit der Natur verbunden fühlen, ist eine geschenkte Zeit. Wann seid ihr zuletzt hinausgegangen und habt diese Mysterien der Natur bewundert? Wann seid ihr zuletzt in der Nacht staunend und dankbar unter dem Sternenhimmel gestanden?

4.
SUCHE DEN FRIEDEN

Immer ein Werk der Gerechtigkeit

Schon bei Jesaja steht, dass der Friede ein Werk der Gerechtigkeit ist (Jes 32,17). Jeder Mensch hat Recht auf Leben. In diesem Recht darf er nicht beeinträchtigt werden. Jeder Mensch hat Recht auf Grund und Boden. Jeder Mensch hat Recht auf Gesundheit und Erziehung. Das sind die grundlegenden rechtlichen Säulen für ein friedliches Zusammenleben.

Das Gegenteil haben wir zuletzt mit den Flüchtlingen erlebt, die vor allem aus Syrien nach Österreich und Deutschland gekommen sind. Wir hatten früher immer gemeint, wenn jemand von Grund und Boden vertrieben werde, dann deshalb, weil in seinem Heimatland eine Diktatur herrsche. Nun sind plötzlich Leute aus Kriegsgebieten gekommen, die nichts anderes wollen, als ihr Leben zu retten. Man muss sich vorstellen, was es heißt, die Familie, die Heimat, den eigenen Grund und Boden verlassen zu müssen, damit man überleben kann. Sie sind Getriebene, sie haben Angst. Sie wollen leben.

Gewaltanwendung kann sich niemals auf das Evangelium berufen. Ich bin absolut gegen Waffengewalt. Niemand hat das Recht, einem anderen das Leben zu nehmen, auf welcher Seite immer er stehen mag. Die größte Revolution ist nicht von bewaffneten Kämpfern für die Gerechtigkeit ausgegangen. Sie ist vom Kreuz ausgegangen, vom Tod auf Golgotha, der nach menschlichen Maßstäben ein Fiasko war.

Ich würde nie auf einen Menschen schießen. Eine eindrückliche Erfahrung dafür sind die Polizisten, die mir in Brasilien als Leibwächter zugeteilt sind. Sie könnten als Polizisten genauso auf der anderen Seite stehen, sie könnten abkommandiert werden, um eine Demonstration niederzuschlagen. Aber ich weiß, dass diese Polizisten Familie haben. Ich sehe hinter diesen Männern auch ihre Frauen und Kinder. Wie könnte ich dazu kommen, einen solchen Mann auszulöschen und seine Frau zur Witwe und seine Kinder zu Halbwaisen zu machen?!

Es war und ist mir daher persönlich immer wichtig, keinerlei Form von Gewalt das Wort zu reden und trotz allen Unrechtes, das die Menschen erfahren, nie Hass zu schüren. Immer habe ich den gewaltlosen Widerstand verteidigt. So wie es nun Papst Franziskus in „Laudato si'" empfiehlt: „kritisch" und „auch unter Einsatz legitimer Druckmittel" (LS 38).

Als junger Bischof wurde ich einmal zu einer politischen Versammlung eingeladen. Einer der Referenten unterbrach plötzlich seine Rede, als er mich im Saal entdeckte, und rief mir zu: „Bischof, was hältst du von Waffengewalt, wenn es um Recht und Gerechtigkeit geht?" Ich antwortete unverzüglich: „Recht und Gerechtigkeit erreicht man nie durch Gewalt! Und damit es für alle, jede und jeden, die hier versammelt sind, ein für alle Mal klar ist, nütze ich die Gelegenheit, um zu erklären, dass ich jede Form von Gewaltanwendung ablehne. Gewalt ruft Gewalt hervor und nährt die Gewalt- und Hassspirale bis ins Unendliche. Am Schluss stehen nur Tod, Gräber und Tränen." Da meinte der Referent: „So wissen wir es also, was der Bischof denkt. Aber trotzdem: mit oder ohne den

Bischof oder sogar gegen ihn, werden wir mit allen Mitteln kämpfen und schlussendlich den Sieg davontragen!"

Mittlerweile ist besagter Politiker in einem Sumpf von Korruptionsskandalen versunken und kann sich vor Ort nicht mehr sehen lassen. Leute aus den Basisgemeinden, die an der Versammlung teilgenommen haben, erklärten mir damals ganz spontan, dass sie die Ansichten des lautstarken Politikers absolut nicht teilten. Ich habe auch nichts anderes erwartet. Was hat denn Jesus selbst am Ölberg zu Petrus gesagt? „Steck dein Schwert in die Scheide; denn alle, die zum Schwert greifen, werden durch das Schwert umkommen" (Mt 26,52).

Das fünfte Gebot ist eindeutig. Ein Mensch darf keinen Menschen töten. Die einzige Frage ist in diesem Zusammenhang die Notwehr. Das ist ein Impuls, den jeder Mensch hat, dass er um sein Leben kämpft, wenn es bedroht ist. Ich wurde bei der bereits erwähnten Demonstration am 1. Juni 1983 auf der Transamazônica von der Militärpolizei zusammengeschlagen. Die Zuckerrohrpflanzer hatten seit neun Monaten keinen Lohn erhalten. Ab dem Pfingstmontag haben sie die Straße blockiert. Ich wurde informiert, dass die Militärpolizei im Anrücken sei und Order habe, die Blockade wenn nötig mit Gewalt zu brechen. Ich fuhr hin, ergriff das Mikrophon und nahm mir angesichts dieser himmelschreienden Ungerechtigkeit kein Blatt vor den Mund. Ich habe die Leute aber auch angefleht, auf keinen Fall Gewalt mit Gewalt zu erwidern.

Es dauerte nicht lange, bis die schwer bewaffnete Polizei auf beiden Seiten der Blockade aufmarschierte und ein Hagel von Tränengasgranaten auf uns niederging. Das

Zeug brannte nicht nur in Augen, Mund und Nase, sondern auch auf der Haut. Man hat im Moment das Gefühl zu brennen. Die Polizei war überzeugt, dass ich als Bischof diese Demonstration angestiftet hätte. Plötzlich packte mich ein Riegel von Polizist und schleuderte mich in den Dreck, mit dem Gesicht nach vorn.

Als er mir den linken Arm auf dem Rücken nach oben bis zum Nacken verdrehte, spürte ich einen irrsinnigen Schmerz. Gegen solche ungerechte Angreifer bäumt sich im Moment alles in dir auf. Aber Hass habe ich auf die jungen Militärpolizisten – sie waren 19, 20 Jahre alt – nicht empfunden. Ich habe ein paar Mal erlebt, dass mich jemand aus tiefster Seele hasserfüllt angeschaut hat. Ein solcher Blick ist furchtbar.

Den Staatsgouverneur, der die Niederschlagung der Demonstration angeordnet hatte, habe ich später zufällig im Flugzeug getroffen. Er habe nicht anders handeln können, erklärte er mir, weil sonst die Bundespolizei selbst gegen die Demonstranten vorgegangen wäre. Er habe daher „die höhere Order" ausführen müssen. Begründung: „Um Schlimmeres zu verhindern". Damit hat er, um sein Gewissen zu beruhigen, wie Pilatus die Hände in Unschuld gewaschen.

Ich bin immer auf der Seite der indigenen Völker gestanden und auf der Seite derer, die zu Unrecht von Großgrundbesitzern von ihrem Land vertrieben wurden. In Lateinamerika – und nicht nur dort – ist die prophetische Dimension der Kirche eine ganz wesentliche. Ein Prophet ist ein von Gott gesandter Mensch, so etwas wie ein „Spokesman" des Evangeliums. Ein Prophet lebt aus einer tiefen Gotteserfahrung und erfüllt eine doppelte Mission: *anúncio* und *denúncia*. Beide gehören unzertrennlich zusammen. *Anúncio* bedeutet, den Traum Gottes von der Welt zu verkünden. *Denúncia* bedeutet, Strukturen und Menschen beim Namen zu nennen, die diesen Traum boykottieren.

Anúncio heißt im Falle von Brasilien, es wird mit den indigenen Völkern nur Frieden geben, wenn man ihnen Gerechtigkeit widerfahren lässt. Mit anderen Worten, ihr Recht auf ihre Identität, ihr individuelles und kulturelles Anderssein und ihr angestammtes Land respektiert. Es gibt keinen Frieden ohne Gerechtigkeit, ohne Respekt vor dem Sosein und dem Anderssein von Menschen. Ich kann nicht alle über den gleichen Kamm scheren. Ich kann nicht verlangen, dass alle so sind wie ich. Freilich gilt dabei immer, dass der Respekt vor dem Leben über allen kulturellen Unterschieden steht. Das ist das höchste Gut, das es immer zu verteidigen gilt.

Derzeit müssen sich die großen Weltreligionen, auch die Christen, immer wieder fragen, ob sie tatsächlich Friedensstifter sind oder ob es in ihren Reihen fundamentalistische Tendenzen gibt, die den Frieden gefährden. Sie müssen sich fragen, ob sie zum gegenseitigen Verständnis beitragen oder ob sie Brandbeschleuniger von Konflikten sind, die durch Unbedingtheit und mit Fanatismus verteidigte religiöse Motive verschärft werden.

Alle Formen von Proselytismus sind gefährlich. Von jeder Religion ist gefordert, dass sie Respekt vor den anderen Religionen hat. Das betrifft die großen Weltreligionen genauso wie Naturreligionen etwa der indigenen Völker.

Das Christentum ist im Zuge des Eroberungsfeldzugs der europäischen Konquistadoren als „die einzig wahre Religion" in Lateinamerika mit Feuer und Schwert eingepflanzt worden. Das Leid, das die Europäer – und damit das Christentum – durch die gewaltsame Eroberung und Unterdrückung Lateinamerikas angerichtet haben, hängt uns bis heute nach.

Menschen helfen zu wollen heißt zunächst, mit Liebe und Herzlichkeit auf sie zuzugehen und sie auch in ihren religiösen Anschauungen und Ritualen zu schätzen. Es ist immer verhängnisvoll, als Besserwisser aufzutreten und von vornherein alles, was Menschen und Völker glauben, als falsch, als Dämonenglauben und Teufelskult zu verwerfen. Der liebe Gott war ganz sicher schon vor uns bei allen Völkern.

Papst Johannes Paul II. rief im Stadion Indira Gandhi in Neu Delhi am 2. Februar 1986 aus: „Gott ist gegenwärtig im Herzen der menschlichen Kulturen, denn er ist gegenwärtig im Menschen – im Menschen, der nach seinem Ebenbild geschaffen ist ... Gott ist gegenwärtig in den Kulturen von Indien". Als ich das damals gelesen habe, dachte ich mir, wenn Gott gegenwärtig ist in den Kulturen Indiens, also der Inder, dann ist er sicherlich auch gegenwärtig in den Kulturen der „Indios". Und nicht nur Gott, der Vater, sondern auch Jesus Christus, das Wort, das Fleisch geworden ist, ist gegenwärtig: in jedem gekreuzigten Indio, in jeder verachteten oder zerschlagenen Kultur.

Religion darf nie aufgezwungen werden. Ich habe allerdings auch meine Schwierigkeiten, wenn jemand behauptet, Religion sei reine Privatsache. Richtig daran ist:

Ich kann meine Religion persönlich und frei wählen. Diese Entscheidung bleibt dann aber keine rein private, sondern sie wird in meinem Reden und Handeln auch in der Gesellschaft wirksam. Nicht in dem Sinne, dass ich andere ausschließe, weil sie nicht so denken wie ich, sondern in dem Sinne, dass ich mit allen Menschen den Weg der Versöhnung, der Gerechtigkeit und des Friedens gehen möchte, dass ich jeden Menschen aus ganzem Herzen liebe und achte und mich für die Bewahrung der Mitwelt, „unseres gemeinsamen Hauses", einsetze.

Ich kann meine Religion nicht in einem aseptischen Privatraum leben. Religion soll so etwas wie die Mystik sein, aus der ich Kraft hole und die mich auch in Grenzsituationen und Schwierigkeiten nicht mutlos werden lässt. Sie soll die tiefste Motivation sein, die meinem Leben die nötige Ausrichtung gibt, und zwar in allen Dimensionen, auch in der politischen.

Selbstverständlich ist Religion nicht anders denkbar, als dass ich meinen Glauben für den richtigen halte – jedenfalls den für mich richtigen. So glauben wir als Christen, dass Gott in Jesus Christus Mensch, also „Gott-mit-uns", geworden ist und dass die Offenbarung in Jesus ihren Höhepunkt und Abschluss gefunden hat. Davon bin ich überzeugt. Aber dieser mein Glaube erlaubt mir noch lange nicht, den Anspruch zu erheben, dass alle anderen sich unterzuordnen haben. Um Gottes willen, wer gäbe mir dazu das Recht?!

Brennpunkte von Gewalt, Terror und Krieg

Eine der wichtigsten Auslandsreisen von Papst Franziskus war jene in die Türkei vom 28. bis 30. November 2014. Franziskus hat dort in zweifacher Hinsicht Brücken gebaut: zwischen der römisch-katholischen Kirche und den orthodoxen Kirchen und zwischen Christentum und Islam. Vor allem rief der Papst zu gemeinsamen Anstrengungen der internationalen Gemeinschaft im Kampf gegen die Terrormiliz Islamischer Staat (IS) auf. „Neben der notwendigen humanitären Hilfe kann man vor dem, was diese Tragödie hervorgerufen hat, nicht gleichgültig bleiben", sagte er bei dem Treffen mit Ministerpräsident Ahmet Davutoglu und Staatspräsident Recep Tayyip Erdogan in Ankara.

Der Papst betonte, dass es erlaubt sei, den „ungerechten Angreifer" aufzuhalten. Das Problem könne jedoch nicht nur durch eine militärische Antwort gelöst werden, schränkte er sofort ein – und unterlief damit die Schwierigkeiten, die seit jeher mit der kirchlichen Lehre vom „gerechten Krieg" verbunden sind. Dieser ist für den Papst jedenfalls keine „Lösung", allenfalls eine „Notlösung" in einer extremen Situation, wo es um das Notwehrrecht unschuldiger Opfer geht. Es sei „ein starker gemeinsamer Einsatz nötig, der auf gegenseitigem Vertrauen gründet, um einen dauerhaften Frieden zu ermöglichen", sagte er.

Die Religionsfreiheit bezeichnete Franziskus als „grundlegend". Es sei wichtig, „dass die muslimischen, jüdischen und christlichen Bürger – sowohl in den gesetzlichen Bestimmungen wie auch in ihrer tatsächlichen Durchführung – die gleichen Rechte genießen und die gleichen Pflichten übernehmen." Eine Aussage, bei der zumal in der Türkei jedes Wort auf die Waagschale gelegt werden muss. Zu oft in der Geschichte hat „der Westen" in seinem kolonialen Habitus bestimmt, was Sache sei.

Beeindruckt hat in diesem Zusammenhang das stille Gebet des Papstes in der Blauen Moschee in Istanbul. Mufti Rahmi Yaran empfing Franziskus vor dem islamischen Gotteshaus. Beide betraten das Gebäude gemäß der Vorschrift ohne Schuhe. An der Seite des islamischen Geistlichen schloss Papst Franziskus die Augen, faltete die Hände und verneigte seinen Kopf gen Mekka. Für Franziskus war es der erste Besuch in einem muslimischen Gebetshaus seit Beginn seines Pontifikats. Die zu Beginn des 17. Jahrhunderts von Sultan Ahmet gestiftete Moschee gilt als eine der wichtigsten Istanbuls. Auch der Vorgänger von Papst Franziskus, Papst Benedikt XVI., hatte hier 2006 am letzten Tag seiner Türkei-Reise zusammen mit dem Mufti gebetet.

Selbstverständlich kann sich der Papst nicht mit der Vorstellung eines Nahen Ostens ohne Christen abfinden. Die Christen in der gesamten Region sind bedrängt, viele von ihnen sind täglich in ihrem Leben und Überleben bedroht. Sie erwarten zu Recht, dass der Papst ihr Schicksal zum Thema macht und ihnen dadurch zumindest ideell den Rücken stärkt. Er hat das auch unzweifelhaft und nachhaltig getan.

Das hat Franziskus aber nicht daran gehindert zu bedenken, dass auch im Verhältnis des Christentums zum

Islam der Ton die Musik macht. Ganz offensichtlich hat der Papst gemeinsam mit dem Ökumenischen Patriarchen Bartholomaios I. sorgsam darauf geachtet, dass seine Formulierungen bei den türkischen Gastgebern und anderen Muslimen nicht als generelle Kritik am Islam missverstanden werden konnten. Christen und Muslime seien „inspiriert von gemeinsamen Werten und gestärkt durch ein natürliches brüderliches Empfinden". Beide seien eins in der Überzeugung, dass religiös begründete Gewalt eine „schwere Sünde gegen Gott" sei.

Bei einer Begegnung mit jugendlichen Flüchtlingen aus Kriegsgebieten wie Syrien und dem Irak in der Heilig-Geist-Kathedrale in Istanbul appellierte Franziskus eindringlich an die internationale Gemeinschaft, gegen die Ursachen von Flucht und Vertreibung vorzugehen. „Ich rufe dringend zu einer größeren internationalen Übereinstimmung auf zu dem Zweck, die Konflikte zu lösen, die eure Herkunftsländer mit Blut beflecken, den Ursachen entgegenzuwirken, die die Menschen dazu drängen, ihre Heimat zu verlassen, und die Bedingungen zu fördern, die ihnen ermöglichen, zu bleiben oder zurückzukehren." Die politisch Verantwortlichen müssten bedenken, „dass sich die große Mehrheit ihrer Bevölkerungen nach Frieden sehnt, auch wenn sie manchmal nicht mehr die Kraft und die Stimme hat, ihn zu fordern".

Das gilt auch für den Konflikt zwischen Israel und den Palästinensern. Vom 24. bis 26. Mai 2014 hat der Papst den Nahen Osten besucht. In seiner Bilanz meinte er, es gebe leider keine „Friedensindustrie", so wie es eine Waffenindustrie gebe. Spontan hat er dann im Juni 2014 den

Palästinenserpräsidenten Mahmud Abbas und den israelischen Staatschef Schimon Peres im Vatikan empfangen. Zusammen mit den beiden Politikern betete Franziskus in den Vatikanischen Gärten um Frieden im Nahen Osten. Begleitet wurden sie wiederum vom orthodoxen Patriarchen Bartholomaios I.

Franziskus mahnte Peres und Abbas, dass die Welt nicht nur ein Erbe unserer Vorfahren sei, sondern vielmehr auch „eine Leihgabe unserer Kinder". Diese Kinder seien müde und erschöpft von den Konflikten zwischen Israel und den Palästinensern. Sie verlangten, „den Anbruch des Friedens zu erreichen". Abbas lobte die Initiative von Franziskus. Die Einladung durch den Heiligen Vater sei mutig gewesen. Mit den Gebeten würde den Anhängern von Judentum, Christentum und Islam sowie anderen Religionen signalisiert, dass der Traum vom Frieden nicht sterben dürfe.

In seiner historischen Rede vor dem US-Kongress in Washington am 24. September 2015 nahm Franziskus mit scharfen Worten den Waffenhandel und die Todesstrafe ins Visier. Beeindruckend war dabei, wie so oft bei Papst Franziskus, dass er die Dinge ohne Aggressivität, aber unmissverständlich auf den Punkt brachte. In einfachen Worten, die gerade wegen ihrer einleuchtenden Schlichtheit in den Formulierungen und in der Argumentation zu überzeugen vermögen. „Warum werden tödliche Waffen an die verkauft, welche planen, Einzelnen und Gesellschaften unsägliches Leid zuzufügen?", fragte der Papst und fuhr fort: „Leider ist die Antwort, wie wir alle wissen: einfach um des Geldes willen. Für Geld, das von Blut – oft unschuldigem

Blut – trieft. Angesichts dieses beschämenden und schuldhaften Schweigens ist es unsere Pflicht, dem Problem entgegenzutreten und den Waffenhandel zu stoppen."

Danach spannte er den Bogen zur Todesstrafe, die in 31 von 50 US-Bundesstaaten immer noch legal ist. Diese verstoße gegen den Grundsatz, dass jedes Leben unantastbar sei, kritisierte der Papst und appellierte an die Mitglieder des Senats und des Repräsentantenhauses: „Ich ermutige auch alle, die davon überzeugt sind, dass eine gerechte und notwendige Bestrafung niemals die Dimension der Hoffnung und das Ziel der Rehabilitierung ausschließen darf."

Er knüpfte dabei, wieder sehr schlicht, aber für jedermann verständlich, an die goldene Regel an: „Die goldene Regel erinnert uns auch an unsere Verantwortung, menschliches Leben in jedem Stadium seiner Entwicklung zu schützen und zu verteidigen. Diese Einsicht hat mich von Anfang meines Dienstes an dazu geführt, mich auf verschiedenen Ebenen für die weltweite Abschaffung der Todesstrafe einzusetzen. Ich bin überzeugt, dass dieser Weg der beste ist, denn jedes Leben ist unantastbar, jeder Mensch ist mit einer unveräußerlichen Würde begabt, und die Gesellschaft kann aus der Rehabilitation derer, die aufgrund von Verbrechen verurteilt sind, nur Nutzen ziehen."

In solchen Redeabschnitten zeigt sich die Kunst von Papst Franziskus, bei aller ungeschönten Kritik im besten Sinne diplomatisch aufzutreten. Er kommt nicht mit dem erhobenen Zeigefinger daher, er haut nicht auf den Tisch. Das tut er nicht. Er sagt klar, was er denkt und was zu sagen ist: dass jede Waffe dazu da ist, jemanden zu verletzen oder zu töten. Eine Waffe hat nie ein anderes Ziel. Aber er sagt es auf eine Art und Weise, dass auch seine Gegner zu der Einsicht kommen können: Im Grunde hat er Recht. So konnte er in Nordamerika auch als der Papst auftreten, der für Lateinamerika steht. Bisher hat für die USA die Doktrin gegolten, dass alles von Mexiko angefangen bis zur *Tierra del Fuego* amerikanischer Hinterhof sei, der also tun müsse, was die US-Amerikaner wollen. Jetzt haben wir den Papst aus Argentinien, der Lateinamerika so kräftig vertritt wie niemand zuvor.

Dabei holte er seine Hörerinnen und Hörer in den USA dort ab, wo er sie für seine Sache gewinnen kann. So würdigte er vor dem Kongress die politische Geschichte der Vereinigten Staaten, „wo die Demokratie tief im Geist des amerikanischen Volkes verwurzelt ist". Alles politische Handeln müsse dem Wohl der menschlichen Person dienen und es fördern, sagte der Papst. Er erinnerte dabei an die Unabhängigkeitserklärung vom 4. Juli 1776 und mahnte sie gleichzeitig als Maßstab für das politische Handelns ein: „Wir halten diese Wahrheiten für offensichtlich, dass alle Menschen gleich erschaffen und von ihrem Schöpfer mit gewissen unveräußerlichen Rechten ausgestattet worden sind, zu denen Leben, Freiheit und Streben nach Glück gehören." Wenn die Politik in diesem Sinne wirklich im Dienst des Menschen stehen soll, folge daraus, „dass sie nicht Sklave von Wirtschaft und Finanzwesen sein kann", sagte Franziskus.

Er dankte für die Einladung, vor den Abgeordneten im „Land der Freien und der Heimat der Tapferen" sprechen zu dürfen, und würdigte vier Persönlichkeiten der USA: Abraham Lincoln, Martin Luther King, Dorothy Day und Thomas Merton. „Ungeachtet der Vielschichtigkeit der Geschichte und der Realität menschlicher Schwäche waren diese Männer und Frauen bei all ihren Unterschiedlichkeiten und ihren Grenzen durch harte Arbeit, Selbsthingabe – und manche sogar um den Preis ihres Lebens – imstande, eine bessere Zukunft aufzubauen", sagte der Papst. „Sie haben grundlegende Werte geschaffen, die im Geist des amerikanischen Volkes für immer Bestand haben werden. Ein Volk mit dieser Geisteshaltung kann viele Krisen, Spannungen und Konflikte durchleben und dabei immer die Quellen finden, um voranzugehen und dies mit Würde zu tun."

Ein Detail am Rande, das seine entgegenkommende Freundlichkeit unterstreicht: Im Unterschied zu seinen Vorgängern ist Papst Franziskus nicht polyglott. Er hat daher sogar extra Englisch-Unterricht genommen, um seine Rede vor dem Kongress in der Sprache des Landes halten zu können. Ich habe ihn dafür sehr bewundert. Er hat sich gut geschlagen mit seinem Englisch. Das ist das Schöne an ihm und es ist in gewisser Weise beinahe symbolisch zu sehen: Dieser Papst bemüht sich, die Sprache der Menschen zu finden, mit denen er zu tun hat.

Die Vielfalt leben und würdigen

Friede ist nicht möglich, wenn ich – sei es unter politischen oder religiösen Vorzeichen – den anderen „meinen Frieden" aufzuzwingen versuche. Ich bin überzeugt, dass das auch im Verhältnis der christlichen Konfessionen zueinander gilt. In dem ökumenischen Bemühen, die Spaltung der Christenheit zu überwinden, halte ich daher eine „Einheit in der Vielfalt" für die einzig sinnvolle und zielführende Möglichkeit.

Konkreter Ausdruck einer solchen „Einheit in der Vielfalt" war ein gemeinsames „Vater unser", das der Papst und Patriarch Bartholomaios gebetet haben: der Papst auf Lateinisch, Bartholomaios auf Griechisch. Das erinnert an das Zweite Vatikanische Konzil, das die Muttersprache in der Liturgie angestoßen hat. Jede Gemeinde kann seither die Eucharistie in ihrer Sprache feiern – und trotzdem findet sich jeder katholische Christ auf der ganzen Welt in der Messfeier zurecht, weil sie in dieser sprachlichen Vielfalt die einheitliche Struktur gewahrt hat.

Das hat Franziskus während seiner Türkei-Reise Ende November 2014 in seiner Predigt beim Gottesdienst in der Heilig-Geist-Kathedrale in Istanbul angedeutet. An dem Gottesdienst nahmen neben Patriarch Bartholomaios auch Vertreter anderer Konfessionen teil. Franziskus formulierte seinen Aufruf zur Einheit der verschiedenen christlichen Konfessionen so: „Wenn wir uns vom Heiligen Geist leiten lassen, geraten Reichtum, Mannigfaltigkeit und Verschiedenheit niemals in Konflikt, denn er drängt uns, die Vielfalt der Gemeinschaft der Kirche zu leben."

Der Wunsch nach Einheit der christlichen Kirchen kann nicht vom Wunsch oder der Zielvorstellung einer uniformen Kirche geleitet sein. Das wäre alles andere als „katholisch", „allumfassend". Freilich ist sich auch Franziskus bewusst, dass es leichter ist, in statischen und unbeweglichen Positionen zu verharren: „Diese Verteidigungsmechanismen hindern uns daran, die anderen wirklich zu verstehen und uns für einen aufrichtigen Dialog mit ihnen zu öffnen."

Wie Christen untereinander und mit den anderen Weltreligionen umgehen, ist in einer globalisierten Welt nicht mehr ihre „Privatsache". Franziskus und Bartholomaios wollen angesichts der zahlreichen Krisen in der Welt gemeinsam für Frieden eintreten. „Die Stimme der Opfer der Konflikte drängt uns, zügig auf dem Weg der Versöhnung und Gemeinschaft zwischen Katholiken und Orthodoxen weiterzugehen", sagte der Papst in seiner Ansprache bei der Feier des Andreasfestes in Istanbul. Der Patriarch ergänzte: „Wir können uns den Luxus eines isolierten Handelns nicht mehr leisten."

Hans Küng hat Recht: Ohne Religionsfrieden kein Weltfrieden. In einer Zeit, in der Europa wieder mehr, als uns allen lieb sein kann, in West und Ost, in Nord und Süd auseinanderfällt, gilt dieser Imperativ auch für das Verhältnis zwischen römisch-katholischer Kirche und den orthodoxen Kirchen. Es ist kein Zufall, dass der Bürgerkrieg in der Ukraine auch an den Trennlinien von Katholizismus und Orthodoxie verläuft. Auf dem Balkan spüren wir bis heute die konfessionellen Vorbehalte und Grenzen, welche die politischen Konflikte verschärfen oder im schlimmsten Fall von den politischen Gegnern für ihre Zwecke instrumentalisiert werden.

In seiner beeindruckenden Rede vor dem US-Kongress am 24. September 2015 hat Papst Franziskus diese Gefahr auf den Punkt gebracht – und eindrücklich vor der Versuchung gewarnt, einen äußeren Feind zu suchen, um die eigene Identität zu stützen. „Unsere Welt ist in zunehmendem Maß ein Ort gewaltsamer Konflikte, von Hass und brutalen Grausamkeiten, die sogar im Namen Gottes und der Religion verübt werden", sagte der Papst. Keine Religionsgemeinschaft sei gegen Formen individueller Verblendung oder gegen ideologische Extremismen gefeit. „Das bedeutet, dass wir gegenüber jeder Art von Fundamentalismus – sowohl auf religiösem als auch auf jedem anderen Gebiet – sehr aufmerksam sein müssen. Es bedarf einer feinen Ausgewogenheit, um die im Namen einer Religion, einer Ideologie oder eines Wirtschaftssystems verübte Gewalt zu bekämpfen und zugleich die Religionsfreiheit, die Meinungsfreiheit und die persönliche Freiheit zu schützen."

Besonders hüten müsse man sich vor einem „grob vereinfachenden Reduktionismus, der die Wirklichkeit in Gute und Böse oder, wenn Sie wollen, in Gerechte und Sünder unterteilt". Man müsse jeder Form einer solchen Polarisierung entgegentreten. „Wir wissen, dass wir in dem Bestreben, uns von dem äußeren Feind zu befreien, in die Versuchung geraten können, den inneren Feind zu

nähren. Den Hass von Tyrannen und Mördern nachzu-
ahmen ist der beste Weg, um ihren Platz einzunehmen."

Was uns die Heilige Schrift sagt:

Drei Lebensregeln aus der Bibel

Wer das Schwert zieht, wird durch das Schwert umkommen (Mt 26,52)

Absolute Gewaltlosigkeit ist ein Grundauftrag nicht nur der
Bibel, sondern jeder ernsthaft humanistischen Lebensführung. Wir erleben derzeit besonders dramatisch im Nahen
und Mittleren Osten, wie Gewalt Gegengewalt provoziert.
Anstatt diesen Kreislauf zu durchbrechen, werden die
Kriegsparteien auf beiden Seiten von den Großmächten
mit Waffen aufgerüstet. Einen Menschen zu töten ist nicht
nur eine menschliche, sondern auch eine theologische
Tragödie. Kein Mensch hat das Recht, einen Menschen
auszulöschen.

Selig sind die Friedfertigen (Mt 5,9)

In den sogenannten Seligpreisungen der Bergpredigt
spielt das Motiv der Gewaltlosigkeit und des Friedens eine
ganz besondere Rolle: Selig sind die Sanftmütigen, denn
sie werden das Erdreich besitzen (Mt 5,5). Selig sind die
Barmherzigen, denn sie werden Barmherzigkeit erlangen
(Mt 5,7). Selig sind die Friedfertigen, denn sie werden Gottes Kinder heißen (Mt 5,9).
Sanftmut und Friedfertigkeit sind nicht irgendwelche Hal-

tungen, sie sind ein Herzstück der Bibel. Beides meint aber keine passive Haltung, kein Dastehen und Zuschauen mit verschränkten Armen. Sanftmut heißt nicht, dass ich mich aus allem heraushalte, sondern dass ich den Mut habe, mit legitimen Druckmitteln aufzutreten und Zivilcourage zu üben. Friedfertigkeit heißt nicht, dass ich passiv auf den Frieden warte, sondern dass ich mich ganz bewusst für Frieden einsetze.

Wer nicht gegen mich ist, ist für mich (Mk 9,40)
Dass ich Menschen einschließe und nicht von vornherein ausschließe, ist eine wesentliche Grundhaltung des Zusammenlebens. Wir sind mit unseren Urteilen und Vorurteilen gegen „die anderen" rasch bei der Hand. Ob es „die anderen" sind, die aus einer anderen Kultur kommen, wie die Indios, die unsere Kreise des Wohlstands stören, oder ob es „die anderen" sind, die aus einer anderen Religion kommen, wie die Muslime, die wir vorschnell unter den Generalverdacht eines radikalen Islamismus stellen. Es geht immer darum, in dem anderen zuerst den Mitmenschen zu sehen und ihn nicht in eine Schublade zu stecken, durch die er abqualifiziert und abgeurteilt wird.

5.
FÜHRE AUF AUGENHÖHE

Der Papst im Gästehaus

Von den vielen Kulturschocks, welche die Entourage im Vatikan unter dem Papst aus Lateinamerika erlitten hat, war dieser einer der ersten: Franziskus zog nicht in die päpstlichen Gemächer des Apostolischen Palastes hoch über dem Petersplatz ein, sondern lebt und arbeitet als einer von vielen im Gästehaus Santa Marta, Appartement 201.

Anfang April 2014 war ich selbst Gast in Santa Marta und traf plötzlich im Foyer auf den Papst, der sich gerade den Lift holte. Die Schweizergardisten standen ohne die traditionelle, wahrscheinlich von Michelangelo kreierte Uniform in diskretem Abstand. Am Abend sah ich den Papst dann wieder, als er ganz plötzlich ohne jede Förmlichkeit in den Speisesaal trat, den Gästen zuwinkte und lächelte. Er begab sich unverzüglich zum Buffet, nahm einen Teller und bediente sich genauso wie alle anderen Gäste.

Diese für einen Papst bislang außergewöhnliche Schlichtheit sorgte zumindest am Anfang auch für manche Verlegenheit. Franziskus hat sie mit seinem Humor unterlaufen. Von dem jungen Kardinal Luis Tagle ist überliefert, dass er Franziskus ganz förmlich gefragt habe: „Heiliger Vater, darf ich mich zu Ihnen setzen?" Der Papst soll geantwortet haben „Aber bitte doch, *heiliger Sohn.*"

Der bescheidene Rahmen des Gästehauses ist für Franziskus zu einem der wichtigsten Orte der Verkündung seiner Botschaft geworden. Hier stehen Wort und Leben im Einklang. Jeden Morgen feiert der Papst um sieben Uhr in der Kapelle den Gottesdienst und hält seine Predigt aus dem Stegreif. Jede und jeder versteht ihn. Seine Sprache ist anschaulich, direkt und gleichzeitig originell. Seine Vergleiche sind aus dem Leben gegriffen und erinnern an die Gleichnisse Jesu.

Schon am Abend seiner Wahl hatte Franziskus auf die wartende Limousine verzichtet und war zu den Kardinälen in den Bus gestiegen. Er setzte sich auch gleich, wie ich aus einer Videoaufzeichnung mitbekam, neben den total überraschten, aber verschmitzt lächelnden – er hatte ihn ja schließlich gewählt! – Präsidenten der Brasilianischen Bischofskonferenz, den Kardinalerzbischof von Aparecida, Dom Raymundo Damasceno. Im Vatikan lässt sich der Papst in einem gebrauchten Ford Focus kutschieren. Ein Priester schenkte Franziskus einen alten Renault R4, mit dem er jahrelang durch seine Gemeinde gefahren war. Der Papst nahm das Auto in seinen Fuhrpark auf. Besonders einprägsam war die Szene, wie der Gast aus Rom in Washington vor dem Weißen Haus mit einem Fiat 500 vorgefahren ist. Das war angesichts der Weltmacht USA mehr als nur ein Symbol. Es war das Statement, hier kommt einer aus dem anderen Amerika, das ihr immer als euren Hinterhof betrachtet habt.

Auf seiner ersten großen Reise zum Weltjugendtag in Rio de Janeiro wollte Franziskus einen Linienflug nehmen – was ihm aus Sicherheitsgründen versagt blieb. Als Chartermaschine wählte er dann aber ein kleineres Flugzeug als üblich. Die Sonderausstattung mit Bett schlug Franziskus für den zwölfstündigen Flug aus. In Rio ließ sich der Papst statt mit dem Papamobil von Daimler mit einem einfachen Fiat Idea vom Flughafen abholen. Ihm tue es weh, einen Priester im allerneuesten Auto zu sehen, hatte der Papst schon kurz nach seiner Wahl gesagt. „Ich glaube, dass Autos nötig sind, weil wir viel transportieren müssen, aber nehmt doch ein etwas bescheideneres Auto", mahnte er den Klerus.

Auch in der Kleidung unterscheidet sich der Bischof von Rom nur durch die schlichte weiße Soutane vom ehemaligen Erzbischof von Buenos Aires. Darüber trägt er statt des goldenen Kreuzes eines aus schlichtem Metall. Päpstliche Kleidungsaccessoires wie der Camauro, eine rote, mit weißem Hermelinfell besetzte Kappe, oder die roten Papstschuhe waren für ihn von vornherein kein Thema.

In all dem signalisiert der Papst, ich bin einer von euch. Wer befürchtet hatte, dass unter einem solchen persönlichen Umgang auf Augenhöhe die Autorität des Papstes leiden müsse, wurde eines Besseren belehrt. Gerade weil Franziskus auf die äußeren Insignien seines Amtes so demonstrativ verzichtet, strahlt er eine weniger durch sein Amt als durch seine persönliche Integrität begründete Autorität aus.

Das ist auch meine eigene Erfahrung. Ich habe als neu geweihter Bischof bei einem Gemeindebesuch nur ein einziges Mal die Mitra aufgesetzt, und zwar auf dringliche Empfehlung eines der Bischöfe, die mir am 25. Jänner 1981 die Hände aufgelegt hatten, – übrigens der einzige der 13 Bischöfe, der, längst emeritiert, noch am Leben ist. Sein Argument war, das Volk erwarte dies von mir. Ich habe jedoch sofort gemerkt, welch unheimliche Distanz diese Kopfbedeckung zwischen dem Bischof und seinem

Volk schafft. Ich war ja seit 15 Jahren am Xingu und die Leute kannten mich persönlich. Plötzlich stand da nun der Padre Erwin mit diesem sonderbaren Hut vor ihnen. Die Leute starrten mich unverwandt an. Und zu allem Überfluss sah ich noch, wie sich Kinder in den ersten Reihen mit dem Ellbogen stießen und auf meine Mitra zeigten. Also blieb von da an die Mitra im Schrank.

Der Bischofsstab erinnert den Bischof an seine Hirtenaufgabe: „Der gute Hirt gibt sein Leben hin für die Schafe" (Joh 10,11). Genau deshalb darf er nicht protzig sein und einige Tausend Euro kosten. Warum denn nicht aus Holz, so ähnlich wie ihn die Hirten im Heiligen Land und anderswo verwenden? Der Bischofsring hat ähnliche Symbolkraft wie ein Ehering. Der Ehering bezeugt, dass ein Mann und eine Frau sich entschieden haben, miteinander auf dem Weg zu bleiben und das Leben in Freud und Leid zu teilen, einander zu lieben und die Treue zu halten. So ist auch der Bischof berufen, sein Leben seiner Diözese zu schenken und für die Menschen da zu sein, „in Freud und Leid, in Gesundheit und Krankheit, in guten und in schlechten Zeiten". Auch das Brustkreuz ist ein tief sinnvolles Zeichen. Am Kreuz gab Jesus sein Leben für uns alle hin. „Da er die Seinen, die in der Welt waren, liebte, liebte er sie bis zum Ende", bis zum Äußersten (Joh 13,1; 19,30). Mein Brustkreuz ist aus Holz und hat vorne ein Symbol für meinen Wahlspruch „Diener Christi Jesu" eingraviert. Auf der Rückseite steht das Datum meiner Bischofsweihe: 25. 1. 1981.

Für die Mitra aber finde ich keine Erklärung in der Heiligen Schrift. Sie hat ihren „Sitz im Leben" ganz sicher nicht im Evangelium unseres Herrn Jesus Christus, sondern stammt aus den höfischen Kleidungsvorschriften des Römischen Reiches der Cäsaren und noch früher war sie Kennzeichen persischer Fürsten. Auf ich weiß nicht welchen Umwegen wurde sie dann im 11. Jahrhundert oder sogar noch später Teil der *Accessoires* eines Bischofs, um seine *Hoch-Würde* hervorzuheben. Und mit der Höhe der Mitra wird auch die Würde höher. Das habe ich vor Jahren bei einer Heiligsprechung in Rom erlebt. Wie sich da die Mitra der Kardinäle von den Mitren der „gewöhnlichen" Bischöfe abhob und die Purpurträger als echte Riesen erscheinen ließ. Jesus hätte den Kopf geschüttelt und wohl noch einmal wiederholt: „Ihr sollt euch nicht Rabbi nennen lassen; denn nur einer ist euer Meister, ihr alle aber seid Geschwister" (Mt 23,8). Ihr sollt nicht eitel und überheblich auf eure Geschwister herabblicken, euch Eminenz und Exzellenz und Hochwürdigste Herren nennen lassen. Seid liebende und sorgende Hirten meines Volkes und vergesst nicht, dass die euch anvertrauten Menschen nicht Untergebene, sondern eure Geschwister sind.

Hirtenbriefe von unten

Kraft meiner Weihe bin ich Bischof. Da habe ich keinen Zweifel. Aber ich muss die Leitungsaufgabe so leben, dass ich erst einmal auf das Volk Gottes höre. Das Konzilsdokument „Lumen gentium" spricht nicht zuerst von der

Hierarchie, sondern vom Volk Gottes. Das hat konkret zur Folge, dass ich als Bischof noch nie einen Hirtenbrief von oben nach unten geschrieben habe, obwohl ich viel schreibe. Ein Hirtenbrief bedeutet nach meinem Verständnis, dass der Bischof mehr oder weniger eigenmächtig und autoritär bestimmt, was in seiner Diözese zu tun und zu lassen ist – in Abwandlung der berühmten Formel: Mir und dem Heiligen Geist hat es gefallen.

Im Unterschied dazu stimmen bei den alle fünf Jahre stattfindenden Versammlungen des Volkes Gottes am Xingu die Delegierten zusammen mit den Priestern, Ordensleuten und dem Bischof über die pastoralen Schwerpunkte ab. Das Ergebnis der Beratungen und die daraus folgenden Entscheidungen sende ich dann mit einem Begleitbrief an alle etwa 800 Gemeinden. Damit erreiche ich, dass sich die Leute für die Evangelisierung in ihren Gemeinden mit-verantwortlich fühlen. Sie haben ja an der Wahl der pastoralen Leitlinien und Prioritäten teilgenommen. Wenn ich auf Gemeindebesuch bin, kann ich nachfragen, wie sich diese oder jene Priorität konkretisiert hat. Ich kann dann auch nochmals darauf hinweisen, dass die Entscheidung – ganz sicher unter dem Beistand des Heiligen Geistes – eine Entscheidung des Volkes Gottes am Xingu gewesen sei und nicht ein Befehl oder eine Verordnung des Bischofs, von oben nach unten an die Basis.

Nein, „der Geist weht, wo er will" (Joh 3,8). Daher versuche ich in allem Reden und Tun den Dreischritt zu beachten: Sehen – urteilen – handeln. Die allermeisten Dokumente der Kirche in Lateinamerika folgen diesem Schema. Ich selbst habe diesen Dreischritt schon in den

1950er Jahren mitbekommen, und zwar bei den Aktivistenrunden der KAJ in Koblach. Er geht auf den Gründer der Katholischen Arbeiterjugend zurück, den von uns damals hoch verehrten belgischen Priester Joseph Cardijn, den Papst Paul VI. dann 1965 zum Kardinal ernannt hat. Auch Papst Franziskus tut in seiner Enzyklika „Laudato si'" genau dasselbe. Er geht von der Realität aus, von der Situation, in der sich unsere Welt befindet. Er fragt dann, wie der Plan Gottes ausschaut und was der Traum Jesu ist. Erst dann kommt er zu konkreten Überlegungen, was zu tun ist.

Ich will in meiner Verantwortung als Bischof keine Entscheidungen treffen, wenn ich nicht weiß, wie es den Menschen geht und wie sie selbst über ihre Situation denken, welche Vorschläge sie haben und was ihnen besonders am Herzen liegt. Das haben mir meine Leute schon gleich am Anfang meiner bischöflichen Tätigkeit anempfohlen: Leite deine Diözese nicht vom Schreibtisch aus, sondern geh hinaus, damit du am eigenen Leib erfährst, wie wir leben.

Klar gebe ich auch Antwort auf Probleme, die meine Stellungnahme erfordern. Ich bringe mich immer wieder ein und sage, was mir im Lichte des Evangeliums, im Lichte des Wortes Gottes richtig erscheint. Aber ich kann mir absolut nicht vorstellen, dass bei einer Versammlung des Volkes Gottes am Xingu nur kircheninterne Probleme behandelt werden und zum Beispiel die dramatischen Auswirkungen des Kraftwerks Belo Monte auf die Menschen am Xingu und ihre Mitwelt nicht vorkommen. Die indigenen Völker und tausende Bewohner am Xingu sind in ihrem Lebensnerv getroffen und wir reden überhaupt nicht darüber, wir haben anderes zu tun – das kann ich mir nun wirklich nicht vorstellen.

Ich habe als Bischof den Auftrag, die Leute „zusammenzurufen". Das griechische Wort *ekklesia* bedeutet ursprünglich nichts anderes als eine Volksversammlung, zu der ein Herold zusammengerufen hat. Es ist tatsächlich meine Aufgabe als Bischof, als Hirte die Gläubigen zur Versammlung des Volkes Gottes, die in der Eucharistiefeier ihren Höhepunkt findet, zusammenzurufen, sie herzlichst einzuladen, zu kommen, bei der Versammlung nicht passiv und stillschweigend dazusitzen, sondern mitzuwirken, mitzubeten, mitzusingen, sich einzubringen. Dazu gehört natürlich auch, dass ich anstehende Themen mit meinen Mitarbeiterinnen und Mitarbeitern vorbereite. Und ich muss mich selbstverständlich zu Wort melden, wenn ich den Eindruck habe, dass etwas nicht mit dem Evangelium vereinbar ist.

Es ist meine Aufgabe als Bischof, meinen Mitarbeiterinnen und Mitarbeitern zu vertrauen. Ich muss den Mut haben, mich beraten zu lassen. Ich habe wohl Philosophie und Theologie studiert, aber beispielsweise nicht Jus. Bei meiner Bischofsweihe erhielt ich durch die Handauflegung ganz sicher nicht plötzlich ein besonderes Sachwissen in den Rechtswissenschaften. Ich glaube nicht daran, dass Bischöfe sich einer *scientia infusa* erfreuen können, eines spezifischen Wissens in allen Bereichen, das Gott aus Gnade eingibt. So bin ich etwa bei der Verteidigung der Rechte der indigenen Völker von Juristen abhängig. Es kommt vor, dass mir einer von ihnen einfach sagt: Dom

Erwin, die Gesetzeslage ist so und so, du kommst nicht umhin, du musst auf diesen und jenen Verfassungsartikel oder auf die diesbezügliche Rechtsprechung hinweisen. Sie liefern mir dann auch gleich die entsprechenden Unterlagen. Und wie dankbar bin ich ihnen jedes Mal dafür!

Meine persönliche Begegnung mit Franziskus

Papst Franziskus ist diplomatisch genug, um nicht wie mit der Axt im Walde um sich zu schlagen. Aber jede und jeder in dieser Kirche merkt und weiß genau, was Franziskus will und in welche Richtung es geht: Hin zu einer Kirche, die nicht ostentativ den Prunk und den in Jahrhunderten angehäuften Reichtum zeigt, sondern eine Kirche, die arm ist. Nicht verarmt, sodass sie aller ihrer Möglichkeiten beraubt wäre, aber arm in dem Sinne, dass sie nicht an den äußeren Dingen hängt – und vor allem auch nicht an ihrer herkömmlichen Macht. Die Macht der Kirche ist die Armut. Je weniger die Kirche wie ein Bollwerk wirkt, von dem die Menschen den Eindruck haben, dass sie eine Institution ist, an die man nicht herankommt und die von einigen wenigen beherrscht wird, desto wirkmächtiger wird sie.

Man erlebt das an den einfachen Gesten, durch die Franziskus die Menschen gewinnt. Die sind nicht eingeübt, das hat man schon bei seinem ersten Auftritt gesehen, als er unmittelbar nach seiner Wahl auf die Loggia des Petersdoms hinausgegangen ist und sich vor den Menschen verneigt hat. Das war kein Theater, das war er, er selbst, der bisherige Erzbischof von Buenos Aires, den die Leute liebevoll den Kardinal der Armen genannt haben. Franziskus ist immer er selbst, in allem, was er tut, und in allem, wie er sich gibt in der Begegnung mit Erwachsenen, mit Jugendlichen, mit Kindern. Er ist durch seine unendlich herzliche Art präsent.

Das habe ich auch bei der Audienz gespürt, die er mir am 4. April 2014 in Rom gewährt hat. Bei meinen Ad-Limina-Besuchen in den vergangenen 35 Jahren habe ich mehrere Papstaudienzen erlebt, privat und zusammen mit anderen Bischöfen. Da war vom Ablauf her alles streng geregelt. Ganz anders war das am Tag meiner ersten und bisher einzigen außerordentlichen Privataudienz bei einem Papst. Es war mein Anliegen, Franziskus unsere Situation in Amazonien darzulegen und ihn zu ersuchen, diese in seine damals schon geplante Umweltenzyklika aufzunehmen.

Schon die Begrüßung war ungemein herzlich. Ich ging einem Papst entgegen, der lächelt. Er will nicht, dass man hinkniet, so wie es früher bei Papstaudienzen ganz selbstverständlich gewesen ist. Dabei haben sich manche Bischöfe, vor allem ältere, sehr schwergetan, weil die Kniebeuge nach den protokollarischen Vorschriften mit dem linken Knie vollzogen werden sollte. Die Genuflexio mit dem rechten Knie war ausschließlich Gott vorbehalten, also während der Eucharistiefeier oder vor dem Tabernakel.

Wer Papst Franziskus die Hand oder den Ring küssen will, kann das tun. Der Handkuss ist in Brasilien und in ganz Lateinamerika ein familiärer Brauch, oft mit einer Segensbitte verbunden. Detail: man küsst sich gegenseitig die Hand. Bei Franziskus ist nichts formell und protokollarisch. Es steht nicht, wie ich das bei seinen Vorgängern erlebt hatte, gleich ein Monsignore in der Nähe, der dich unmissverständlich und sogar etwas schroff zurechtweist, wenn du dich am Protokoll vorbeibenimmst. Es war wohl einer da, der mich im Vorraum abholte. Er zog sich aber dann diskret zurück.

Nach der Begrüßung sagte der Papst schlicht: Setzen wir uns. Ich konnte unvermittelt erklären, wer ich bin und warum ich da bin. Ich habe ihm einen in Spanisch verfassten Text über die Situation der indigenen Völker in Amazonien übergeben. Dann sind wir auf die weit verzweigten Gemeinden in diesem riesigen Gebiet zu sprechen gekommen und darauf, dass zu vielen nur ein, zwei Mal im Jahr ein Priester kommt, der mit ihnen die Eucharistie feiern kann. 90 Prozent aller Gemeinden in Amazonien haben keinen regulären Sonntagsgottesdienst, 70 Prozent nur drei bis vier Mal im Jahr.

Franziskus zeigte sich interessiert. Er erwähnte eine Diözese in Mexiko, wo der Bischof den Priestermangel teilweise dadurch entschärft habe, dass er 300 verheiratete Gemeindeleiter zu Diakonen geweiht habe. Der Papst erinnerte auch an den Vorschlag eines Bischofs in Südafrika – es handelt sich um Bischof Fritz Lobinger –, demzufolge Gemeinden ohne Priester durch „Teams of Elders" geleitet werden könnten. Bischof Lobinger empfiehlt, diese dann auch zu ordinieren, damit sie mit ihren Gemeinden auch die Eucharistie feiern können. Der englische Ausdruck hat dabei den Vorteil, dass die „Älteren" nicht unbedingt die an Jahren Alten sein müssen. Mit „Elders" sind vielmehr die in der Gemeindeleitung „Erfahrenen" gemeint.

In diesem Zusammenhang fiel das berühmte Wort des Papstes, das nach meiner Privataudienz international Schlagzeilen gemacht hat: Die Bischofskonferenzen sollten ihm „mutige Vorschläge" machen. Er verwendete den Begriff *corajudos*, einen Dialektausdruck aus Buenos Aires. Dieser umgangssprachliche Ausdruck meint eine Zivilcourage im Sinne des griechischen Wortes *parrhesia*, das vor allem in der Apostelgeschichte vorkommt und Freimut, Furchtlosigkeit, Standhaftigkeit, Kühnheit, ja sogar Verwegenheit bedeutet.

In den zwanzig Minuten dieser persönlichen Begegnung spürte ich, dass Papst Franziskus zuerst einmal Bruder ist. Seine Art hinzuhören ist liebevoll. Man sagt etwas zu ihm oder schneidet ein Thema an und das Erste, was er sagt, ist: Wie denkst du darüber, hast du eine Idee? Er sagt dann natürlich auch seine Meinung, aber nicht in dem Sinne, dass jetzt der Papst gleich einmal „ex cathedra" spricht. Er sagt das, was er denkt, freundschaftlich, mitbrüderlich, auch väterlich.

Dazu kommt ein Element, das fast österreichisch anmutet: Franziskus ist gemütlich. Nicht in dem Sinn, dass er die Dinge schleifen ließe. Sondern er ist gemütlich in der Art, dass ich mich keineswegs so gefühlt habe, als würde ich der höchsten Autorität der katholischen Kirche, dem Pontifex Maximus gegenübersitzen. Man hat das Gefühl, einem äußerst umgänglichen Menschen zu begegnen, der nicht nur keinen Wert auf das Protokoll legt, sondern dir in einer unkomplizierten und unvoreingenommenen Offenheit begegnet.

Wie er sich aus diesem persönlichen Habitus heraus die Aufgabe des Papstes vorstellt, wurde bereits bei seiner Ansprache beim Vor-Konklave deutlich. Nachdem Benedikt XVI. den geschichtsträchtigen Entschluss gefasst hatte, zurückzutreten, hat Jorge Mario Bergoglio von einer Kirche gesprochen, die hinausgeht, und zwar nicht nur an die geografischen Grenzen, sondern an die existenziellen Grenzen. Das war die erste Botschaft von Papst Franziskus: Wir können Kirche nicht weiterhin verstehen und leben als ein Bollwerk, das sich nach außen abschottet, das nur Nabelschau betreibt und sich mit internen Angelegenheiten beschäftigt. Wir können Kirche nicht mehr so leben, wie es in dem bekannten Kirchenlied heißt: Ein Haus voll Glorie schauet, weit über alle Land. Einer solchen Kirche hat Papst Franziskus von Anfang an, noch vor seiner Wahl, eine Absage erteilt. Das Haus voll Glorie ist nicht seine Kirche, wie er in seiner Ansprache beim Vor-Konklave sagte:

„1. Evangelisierung setzt apostolischen Eifer voraus. Sie setzt in der Kirche kühne Redefreiheit voraus, damit sie aus sich selbst herausgeht. Sie ist aufgerufen, aus sich selbst herauszugehen und an die Ränder zu gehen. Nicht nur an die geografischen Ränder, sondern an die Grenzen der menschlichen Existenz: die des Mysteriums der Sünde, die des Schmerzes, die der Ungerechtigkeit, die der Ignoranz, die der fehlenden religiösen Praxis, die des Denkens, die jeglichen Elends.

2. Wenn die Kirche nicht aus sich selbst herausgeht, um das Evangelium zu verkünden, kreist sie um sich selbst. Dann wird sie krank (vgl. die gekrümmte Frau im Evangelium). Die Übel, die sich im Laufe der Zeit in den kirchlichen Institutionen entwickeln, haben ihre Wurzel in dieser Selbstbezogenheit. Es ist ein Geist des theologischen Narzissmus.

   In der Offenbarung sagt Jesus, dass er an der Tür steht und anklopft. In dem Bibeltext geht es offensichtlich darum, dass er von außen klopft, um hereinzukommen. Aber ich denke an die Male, wenn Jesus von innen klopft, damit wir ihn herauskommen lassen. Die egozentrische Kirche beansprucht Jesus für sich drinnen und lässt ihn nicht nach außen treten.

3. Die um sich selbst kreisende Kirche glaubt – ohne dass es ihr bewusst wäre –, dass sie eigenes Licht hat. Sie hört auf, das ‚Geheimnis des Lichts‘ zu sein, und dann gibt sie jenem schrecklichen Übel der ‚geistlichen Mondänität‘ Raum (nach Worten de Lubacs das schlimmste Übel, was der Kirche passieren kann). Diese (Kirche) lebt, damit die einen die anderen beweihräuchern.

4. Was den nächsten Papst angeht: (Es soll ein Mann sein) der aus der Betrachtung Jesu Christi und aus der Anbetung Jesu Christi der Kirche hilft, an die existenziellen Enden der Erde zu gehen, der ihr hilft, die fruchtbare Mutter zu sein, die aus der ‚süßen und tröstenden Freude der Verkündigung‘ lebt.

Vereinfacht gesagt: Es gibt zwei Kirchenbilder: die verkündende Kirche, die aus sich selbst hinausgeht, die das ‚Wort

Gottes ehrfürchtig vernimmt und getreu verkündet‘; und die mondäne Kirche, die in sich, von sich und für sich lebt.

Dies muss ein Licht auf die möglichen Veränderungen und Reformen werfen, die notwendig sind für die Rettung der Seelen.“

Der Papst ist ganz sicher ein spiritueller Mensch, der aus dem Gebet und der Meditation seine Kraft holt und gerade deshalb Mut zu Veränderungen hat. Es ist auch meine persönliche Erfahrung, dass Mut sich aus der Treue zu dem speist, was Jesus selbst gewollt hat. Jesus hat nicht nur die Frohe Botschaft verkündet und ist den Menschen nachgegangen, ganz besonders den Armen und Kranken. Oft weisen die Evangelien auch auf die „mystische Dimension“ Jesu hin. Er hatte die Gewohnheit, sich zurückzuziehen, um zu beten. Immer wieder ging er an einen einsamen Ort oder „auf einen Berg, um zu beten. Und er verbrachte die ganze Nacht im Gebet zu Gott“, lesen wir im Lukasevangelium (Lk 6,12).

Gebetszeiten gehören also auch zu meiner Tagesordnung und ich bin überzeugt, dass ich daraus die Kraft schöpfe, meinen Weg zu gehen. Ich bete jeden Tag das Brevier, habe meine Lesungen, die mich zur Meditation anregen. Wenn ich unterwegs bin, bete ich den Rosenkranz, auch mehrere. Ich zelebriere jeden Tag die heilige Messe. Unendlich selten kommt es vor, vielleicht ein, zwei Mal im Jahr, dass ich keine Gelegenheit habe, die Eucharistie zu feiern.

Manchmal wurde mir vorgehalten, ich sei mehr Entwicklungshelfer als Bischof. Dieser Vorwurf war jedes Mal zynisch formuliert und er kam immer aus einer bestimmten Ecke. Ja, klar setze ich mich für Entwicklung und Fortschritt ein. Allerdings ist Entwicklung und Fortschritt für mich viel mehr als wirtschaftliches, exportorientiertes Wachstum. Fortschritt bedeutet bessere Lebensqualität für alle und nicht nur für eine privilegierte Oberschicht.

Meine Motivation, meine Mystik stammt nicht aus humanistischen oder gar ökonomischen Überlegungen. Meine Mystik ist das Evangelium, ist Jesus Christus selbst, der nicht gekommen ist „um sich dienen zu lassen, sondern um zu dienen und sein Leben hinzugeben" (Mt 20,28). Ich empfinde mein Leben rückblickend so, dass ich spüren durfte, wie die Hand des Herrn immer über mir war, wie es der Prophet Ezechiel formuliert (Ez 37,1). Auch in der Hinsicht, dass ich manchmal nahe dran war, ins Fettnäpfchen zu treten, aber zuletzt doch davor bewahrt wurde.

Was uns die Heilige Schrift sagt:
Drei Lebensregeln aus der Bibel

Wer unter euch der Erste sein will, soll der Diener aller sein (Mk 10,43–44)
Papst Franziskus ist für mich gleichsam die Inkarnation, die Fleischwerdung dieses Jesus-Wortes. Er lebt aus tiefstem Herzen und mit einer großen Selbstverständlichkeit vor, was es im Sinne Jesu heißt, der Erste zu sein. Franziskus hat von Anfang an vom Petrus-Dienst an der Weltkirche gesprochen und nicht vom Papsttum. Er lebt den

Petrus-Dienst, nicht das Papsttum. Er weiß, dass er nicht alles in eigener Regie erledigen kann.

Jede und jeder von uns weiß um die eigenen Schwächen. Wir müssen aber nicht daran kleben bleiben, sondern haben die Zusage, dass Gott immer größer ist als unser eigenes Herz. So wie es im ersten Johannes-Brief, Kapitel 3, steht: „Wenn unser Herz uns anklagt, dann ist Gott immer größer als unser Herz und er weiß alles" (1 Joh 3,20). Oder in Psalm 102/103, Vers 14: Gott weiß, „aus welchem Lehm wir geformt sind".

Nicht wer Herr, Herr zu mir sagt, sondern wer den Willen meines Vaters tut (Mt 7,21)

Titelsucht auf der einen und Unterwürfigkeit auf der anderen Seite sind Haltungen, die der gleichen Würde aller Menschen widersprechen. Es sind auch Haltungen, die den aufrechten Gang behindern und den Blick dafür verstellen, was meine Aufgabe ist – auch gegenüber den angeblich „Großen" dieser Welt, denen wir ins Angesicht widerstehen müssen. Wer unterwürfig ist, kann dem anderen nicht ins Gesicht sehen.

Wo es um Recht und Gerechtigkeit geht, wo man das Leben von anderen gegen die Habsucht verteidigen muss, kann man es nicht beiden Seiten recht machen. Wo es um das Prinzip des Lebens geht, gibt es keinen Mittelweg. Ich will nicht provozieren um der Provokation willen, aber sobald ich mich auf die Seite einer unterdrückten Gruppe von Menschen stelle, heißt das zwangsläufig, dass ich mich gegen die Ambitionen jener richte, die nach den Ressourcen und dem Leben dieser Menschen greifen.

Ich bin nicht gekommen, bedient zu werden, sondern zu dienen (Mk 10,45)

Das Faszinierende an Jesus ist immer wieder, wie selbstverständlich er sich in den Dienst seiner Mitmenschen stellt. Das beginnt schon beim sogenannten Weinwunder auf der Hochzeit zu Kanaa. Jesus fühlt sich absolut nicht zuständig, ganz so, wie wir uns so oft nicht zuständig fühlen. Aber er sieht die Not des Brautpaares, das seinen Gästen keinen Wein mehr kredenzen kann, und auf die Bitte seiner Mutter hilft er „wie durch ein Wunder".

Man hat mir oft gesagt, Bischof, das ist nicht dein Kaffee! Ich solle mich auf meine spezifisch religiöse Sendung besinnen. Aber was ist die religiöse Sendung eines Bischofs, wenn Menschen in Not sind? Es heißt nichts anderes, als das Herz für diese Menschen zu öffnen, ihnen die Hand entgegenzustrecken. Ein Bischof hat sich nicht nur um die rein religiösen Belange zu kümmern.

6.
HAB MUT ZU VERÄNDERUNGEN

Den Zentralismus ablegen

Papst Franziskus führt seine Kirche, aber er tut das nicht allein, weit abgehoben und losgelöst von den anderen, sondern gemeinsam mit der Weltkirche. Das hat er schon in seinem Apostolischen Schreiben „Evangelii gaudium" klargemacht. „Das Zweite Vatikanische Konzil sagte, dass in ähnlicher Weise wie die alten Patriarchatskirchen die Bischofskonferenzen vielfältige und fruchtbare Hilfe leisten [können], um die kollegiale Gesinnung zu konkreter Verwirklichung zu führen. Aber dieser Wunsch hat sich nicht völlig erfüllt, denn es ist noch nicht deutlich genug ein Statut der Bischofskonferenzen formuliert worden, das sie als Subjekte mit konkreten Kompetenzbereichen versteht, auch einschließlich einer gewissen authentischen Lehrautorität. Eine übertriebene Zentralisierung kompliziert das Leben der Kirche und ihre missionarische Dynamik, anstatt ihr zu helfen." (EG, 32)

Diese Führungsqualität, die nicht auf die Autorität pocht, sondern sich im Dialog abarbeitet, ist unter anderen bei der Vorbereitung der Bischofssynode über Ehe und Familie sichtbar geworden. Der Papst hat sich, wissend um die Schwierigkeit des Themas, in drei Stufen angenähert: Zuerst überraschte er mit der ersten weltweiten Online-Befragung in der Geschichte der Kirche. Im zweiten Schritt gab es dann im Herbst 2014 eine Vor-Synode, die im Ablauf transparent und im Ergebnis völlig offen war. Erst im dritten Schritt rief Franziskus die Vertreter der Bischofskonferenzen aus aller Welt im Oktober 2015 zur eigentlichen Synode zusammen.

Seine Erfahrung als Provinzial der argentinischen Jesuiten und als Erzbischof der Millionenstadt Buenos Aires hilft Franziskus, die Kurie zu reformieren, damit sie eine Institution wird, die den Pulsschlag der Weltkirche mit Einfühlungsvermögen wahrnimmt und dem Papst tatsächlich unterstützend zur Seite steht. Eine „Symphonie mit dem Paukenschlag" war in dieser Hinsicht die Ansprache von Papst Franziskus anlässlich des Weihnachtsempfangs für die Leiter der römischen Kurie am 22. Dezember 2014. Joseph Haydn möge mir die Anspielung auf seine 94. Symphonie verzeihen. Eine klassische Symphonie hat bekanntlich zwischen drei und fünf Sätze. Die Symphonie, die Papst Franziskus für Weihnachten 2014 komponierte, hat jedoch nicht weniger als 15 Sätze. Und jeder ist ein Satz „mit dem Paukenschlag". Diese 15 Sätze des Papstes waren keine Standpauke, sondern sehr grundsätzliche Überlegungen für eine Reform der Kurie und damit der Kirchenleitung insgesamt „an Haupt und Gliedern". Es ist es wert, aus dieser Ansprache hier (in einer Arbeitsübersetzung von Radio Vatikan) ausführlich zu zitieren:

„Die Kurie ist gerufen, sich zu bessern, immer zu verbessern und in Gemeinschaft, Heiligkeit und Weisheit zu wachsen, um ihre Aufgabe ganz und gar erfüllen zu können (Pastor Bonus 1, CIC 369). Und wie jeder menschliche Körper ist sie auch Krankheiten ausgesetzt, der Erkrankung und der Fehlfunktion. Hier möchte ich einige dieser möglichen Krankheiten nennen, kuriale Krankheiten. Es sind die Krankheiten, die sich öfter in unserem Leben als Kurie finden. Es sind Krankheiten und Versuchungen, die unseren Dienst für den Herrn schwächen. Ich bin überzeugt, dass uns ein ‚Katalog' dieser Krankheiten helfen kann – darin den Wüstenvätern folgend, die solche Kataloge erstellten:

1. Die Krankheit, sich für ‚unsterblich', ‚unangreifbar' oder geradezu ‚unersetzlich' zu halten, indem die nötigen und gewohnheitsmäßigen Kontrollen außer Acht gelassen werden. Eine Kurie, die sich selbst nicht kritisiert, die sich nicht erneuert, die nicht besser werden will, ist ein kranker Körper. Ein gewöhnlicher Friedhofsbesuch kann uns helfen, die Namen so vieler Personen zu sehen, von denen manche vielleicht meinten, unsterblich, unangreifbar und unersetzlich zu sein! ...

2. Die Krankheit der Marta, des übertriebenen Fleißes: Es ist die Krankheit derer, die sich in die Arbeit stürzen und dabei unausweichlich ‚den besseren Teil außer Acht lassen: zu den Füßen Jesu zu sitzen ...' Die Ruhezeit für den, der seine Aufgabe zu Ende gebracht hat, ist nötig, geboten und ernsthaft einzuhalten ...

3. Es gibt auch die Krankheit der geistigen und geistlichen ‚Versteinerung': die Krankheit derer, die ein Herz aus Stein haben ..., die sich hinter Papier verstecken und ‚Verwaltungsmaschinen' werden statt ‚Gottesmänner' ... Es ist gefährlich, das nötige menschliche Mitgefühl zu verlieren, um mit den Weinenden zu weinen und sich mit den Fröhlichen zu freuen! ...

4. Die Krankheit der Planungswut und des Funktionalismus. Wenn der Apostel alles haarklein plant und glaubt, dass mit einer perfekten Planung die Dinge effektiv vorangehen, wird er ein Buchhalter und Betriebswirt.

Gute Vorbereitung ist notwendig, aber ohne der Versuchung zu erliegen, die Freiheit des Heiligen Geistes einschränken und steuern zu wollen …

5. Die Krankheit schlechter Koordinierung. Wenn die Mitglieder untereinander ihre Gemeinschaft verlieren und der Körper seine harmonische Funktion und sein Maß einbüßt, wird er ein Orchester, das Lärm produziert, weil seine Mitglieder nicht zusammenspielen und keinen Gemeinschafts- und Teamgeist leben …

6. Es gibt auch die Krankheit des ‚spirituellen Alzheimer‘, der Vergessenheit der Heilsgeschichte, der persönlichen Geschichte mit dem Herrn … Das sehen wir bei denen, die die Erinnerung an ihre Begegnung mit dem Herrn verloren haben; … bei denen, die völlig von ihrer Gegenwart abhängen, von ihren Leidenschaften, Launen und Fimmeln … und so immer mehr Sklaven der Götzenbilder werden, die sie mit eigener Hand geschaffen haben …

7. Die Krankheit der Rivalität und der Ruhmsucht – wenn das Erscheinungsbild, Kleiderfarben und Ehrenzeichen vorrangiges Lebensziel werden …

8. Die Krankheit der schizophrenen Existenz. Es ist die Krankheit derer, die ein Doppelleben führen, Frucht der typischen mittelmäßigen Scheinheiligkeit und einer fortschreitenden geistlichen Leere, die akademische Lorbeeren und Titel nicht befriedigen können. Eine Krankheit, die oft jene trifft, die den Dienst des Seelsorgers aufgeben und sich auf bürokratische Aufgaben beschränken. Dabei verlieren sie den Kontakt mit der Realität … Sie schaffen ein Paralleluniversum, in dem sie alles ablegen, was sie andere mit Strenge lehren, und beginnen, ein verborgenes und oft ausschweifendes Leben zu führen …

9. Die Krankheit des Klatsches, des Geraunes und des Tratsches. Über diese Krankheit habe ich schon oft gesprochen und doch nie genug. Es ist eine schwere Krankheit, die leicht beginnt …, sie ergreift den Menschen und macht ihn zu einem ‚Säer von Unkraut' (wie Satan) und vielfach zu einem ‚kaltblütigen Mörder' des Rufs der eigenen Kollegen und Mitbrüder. Es ist die Krankheit von Feiglingen, die, weil sie nicht den Mut haben, direkt zu sprechen, hinter dem Rücken reden … Brüder, hüten wir uns vor dem Terrorismus des Geschwätzes!

10. Die Krankheit, Vorgesetzte zu vergöttern: Es ist die Krankheit derer, die Obere umschmeicheln, weil sie hoffen, ihr Wohlwollen zu erhalten. Sie sind Opfer von Karrieredenken und Opportunismus … Es sind Menschen, die in ihrem Dienst einzig daran denken, was sie bekommen können, nicht, was sie geben müssen. Kleinliche Personen, unglücklich und nur von ihrem eigenen fatalen Egoismus beseelt … Diese Krankheit könnte auch die Oberen treffen, wenn sie manche Mitarbeiter umschmeicheln, um ihre Untergebenheit, Loyalität und psychische Abhängigkeit zu erhalten; aber das Endergebnis ist echte Komplizenschaft.

11. Die Krankheit der Gleichgültigkeit gegenüber anderen – wenn jeder nur an sich selbst denkt und die Aufrichtigkeit und Wärme menschlicher Beziehungen verliert …

12. Die Krankheit der Totengräbermiene – das ist die Krankheit der Griesgrämigen und Mürrischen, die meinen, um ernst zu sein, müsse man ein schwermütiges, strenges Gesicht aufsetzen und andere – vor allem jene, die man für niedriger gestellt hält – mit Strenge,

Härte und Arroganz behandeln. In Wirklichkeit sind theatralische Strenge und steriler Pessimismus oft Symptome von Angst und Unsicherheit …

13. Die Krankheit des Aufhäufens – wenn der Apostel eine existenzielle Leere in seinem Herzen zu füllen sucht, indem er Güter aufhäuft, nicht aus Notwendigkeit, sondern nur um sich sicher zu fühlen. Aber wir werden nichts Dingliches mitnehmen, denn ‚das letzte Hemd hat keine Taschen‘, und alle unsere irdischen Schätze … können niemals diese Leere füllen. …

14. Die Krankheit der geschlossenen Kreise – wo die Zugehörigkeit zum Grüppchen stärker wird als die zum Leib und, in manchen Fällen, zu Christus selbst … Die Selbstzerstörung oder der ‚Selbstbeschuss‘ unserer Mitstreiter ist die heimtückischste Gefahr …

15. Und die letzte Krankheit: die des weltlichen Profits, der Zurschaustellung – wenn der Apostel seinen Dienst zu Macht umgestaltet und seine Macht zu einer Ware, um weltlichen Nutzen oder mehr Befugnisse zu erhalten …“

In seiner Weihnachtsansprache 2015 hat der Papst diese Kritik teils wiederholt. Gleichzeitig hat Franziskus aber auch die Leistungen der Kurie unterstrichen und seinen Negativ-Katalog der 15 Krankheiten aus dem Jahr 2014 mit einem Positiv-Katalog von zwölf Tugenden ergänzt. Ausdrücklich setzte er einen Akzent zum „Jahr der Barmherzigkeit“ und sagt, Barmherzigkeit sei kein flüchtiges Gefühl, sondern die Synthese der Frohen Botschaft.

Die zwölf Tugenden von Weihnachten 2015 sind gleichsam die andere Seite der Medaille der Weihnachtsansprache von 2014. Deshalb, und weil dieser Tugendkatalog es jederzeit wert ist, bedacht und meditiert zu werden, zitiere ich ihn hier in einer leicht gekürzten Fassung:

„1. Missionsgeist und pastorale Grundhaltung: Der Missionsgeist ist das, was die Kurie schöpferisch und fruchtbar macht und dies auch in Erscheinung treten lässt; er ist der Beweis für die Wirksamkeit, die Effizienz und die Echtheit unseres Schaffens. Der Glaube ist ein Geschenk, aber das Maß unseres Glaubens erweist sich auch darin, wie weit wir fähig sind, ihn zu vermitteln …

2. Eignung und Scharfsinn: Die Eignung verlangt die persönliche Anstrengung, die notwendigen und geforderten Voraussetzungen zu erwerben, um die eigenen Aufgaben und Tätigkeiten bestmöglich auszuführen, mit Verstand und Intuition. Sie steht gegen Empfehlungsschreiben und Bestechungsgelder. Der Scharfsinn ist die Geistesgegenwart, um die Situationen zu verstehen und mit Weisheit und Kreativität in Angriff zu nehmen …

3. Spiritualität und Menschlichkeit: Die Spiritualität ist das Rückgrat jeglichen Dienstes in der Kirche und im christlichen Leben. Sie ist das, was all unser Wirken nährt, es stützt und es vor der menschlichen Hinfälligkeit und den täglichen Versuchungen schützt. Die Menschlichkeit ist das, was die Wahrhaftigkeit unseres Glaubens verkörpert … Wenn es uns schwerfällt, ernstlich zu weinen oder herzlich zu lachen, dann haben unser Niedergang und der Prozess unserer Verwandlung von einem ‚Menschen' in etwas anderes begonnen. Die Menschlichkeit ist die Fähigkeit, allen mit zärtlicher Zuneigung, Vertrautheit und Liebenswürdigkeit zu begegnen (vgl. Phil 4,5) …

4. Vorbildlichkeit und Treue: ... Vorbildlichkeit ist erfordert, um die Skandale zu vermeiden, die die Menschen innerlich verletzen und die Glaubwürdigkeit unseres Zeugnisses bedrohen. Treue gegenüber unserer Weihe, gegenüber unserer Berufung: Denken wir immer an die Worte Christi: ‚Wer in den kleinsten Dingen zuverlässig ist, der ist es auch in den großen, und wer bei den kleinsten Dingen Unrecht tut, der tut es auch bei den großen‘ (Lk 16,10) ...

5. Vernünftigkeit und Liebenswürdigkeit: Die Vernünftigkeit dient dazu, übermäßige Gefühlsbetontheit zu vermeiden, und die Liebenswürdigkeit dazu, Übertreibungen in der Bürokratie sowie beim Erstellen von Programmen und Plänen zu vermeiden. Es sind Gaben, die für die Ausgeglichenheit der Persönlichkeit erforderlich sind ...

6. Wohlwollende Besonnenheit und Entschiedenheit: Die wohlwollende Besonnenheit macht uns vorsichtig im Urteil und fähig, uns impulsiver und übereilter Handlungen zu enthalten. Es ist die Fähigkeit, durch achtsames und verständnisvolles Handeln dem Besten, das in uns, in den anderen und in den Situationen liegt, zum Durchbruch zu verhelfen. ... Die Entschiedenheit ist das Handeln mit zielbewusstem Willen, einer klaren Perspektive und dem Gehorsam gegenüber Gott – und allein im Hinblick auf das oberste Gesetz der salus animarum (vgl. CIC Can. 1725).

7. Liebe und Wahrheit: Liebe und Wahrheit sind zwei untrennbar verbundene Tugenden des christlichen Lebens ... Die Liebe ohne Wahrheit wird nämlich zur Ideologie des destruktiven ‚Alles-Gutheißens‘, und die Wahrheit ohne Liebe zur blinden ‚Buchstaben-Justiz‘.

8. Ehrlichkeit und Reife: Ehrlichkeit ist die Rechtschaffenheit, die Kohärenz und das Handeln in absoluter Aufrichtigkeit gegenüber uns selbst und gegenüber Gott. Wer ehrlich ist, handelt redlich nicht nur unter dem Blick des Aufsehers oder des Vorgesetzten; der Ehrliche fürchtet nicht, überrascht zu werden, denn er hintergeht niemals den, der ihm vertraut … Reife ist das Bemühen, zur Harmonie zwischen unseren physischen, psychischen und spirituellen Fähigkeiten zu gelangen …

9. Achtung und Demut: Die Achtung ist die Gabe edler und feinfühliger Seelen; sie ist den Menschen eigen, die sich stets um eine rechte Berücksichtigung der anderen, der eigenen Rolle, der Vorgesetzten und der Untergebenen, der Akten und der Dokumente, der Schweigepflicht und der Vertraulichkeit bemühen; Menschen, die verstehen, aufmerksam zuzuhören und höflich zu sprechen. Die Demut ist hingegen die Tugend der Heiligen und der von Gott erfüllten Menschen …

10. Großherzigkeit und Aufmerksamkeit: Je mehr wir auf Gott und seine Vorsehung vertrauen, umso großherziger und freigebiger sind wir, da wir wissen: Je mehr man gibt, umso mehr empfängt man. In der Tat ist es nutzlos, alle Heiligen Pforten sämtlicher Basiliken der Welt zu öffnen, wenn die Tür unseres Herzens für die Liebe verschlossen ist, wenn unsere Hände sich dem Geben verschließen, wenn unsere Häuser der Gastfreundschaft verschlossen sind und wenn unsere Kirchen sich der Aufnahme verschließen. Die Aufmerksamkeit bedeutet, auf die Details zu achten, unser Bestes zu geben und in Bezug auf unsere Laster und Verfehlungen niemals die Zügel schleifen zu lassen …

11. Unerschrockenheit und Regsamkeit: Unerschrocken sein bedeutet, sich – wie Daniel in der Löwengrube und David gegenüber Goliath – angesichts von Schwierigkeiten nicht ängstigen zu lassen; ... es bedeutet, wie Abraham und Maria ohne Zögern den ersten Schritt zu tun. Die Regsamkeit ist dagegen die Fähigkeit, mit innerer Freiheit und Beweglichkeit zu handeln, ohne sich an die materiellen Dinge zu klammern, die vergänglich sind.

12. Vertrauenswürdigkeit und Nüchternheit: Vertrauenswürdig ist derjenige, der seine Pflichten ernsthaft und zuverlässig einzuhalten weiß, wenn er beobachtet wird, vor allem aber, wenn er allein ist; derjenige, der in seiner Umgebung ein Gefühl der Ruhe verbreitet, weil er niemals das Vertrauen enttäuscht, das ihm geschenkt wurde. Die Nüchternheit – die letzte Tugend in dieser Aufstellung, nicht aber die letzte im Sinn ihrer Bedeutung – ist die Fähigkeit, auf Überflüssiges zu verzichten und der herrschenden Konsum-Mentalität zu widerstehen. ... Nüchternheit bedeutet, die Welt mit den Augen Gottes zu betrachten – mit dem Blick der Armen und auf der Seite der Armen ..."

Auf die anderen hören

Aus solchen Überlegungen für eine Reform der Kurie, vor allem aber aus grundsätzlichen Erwägungen des Kirchenverständnisses heraus ist eine Dezentralisierung der kirchlichen Entscheidungsinstanzen das Gebot der Stunde. Die nationalen Bischofskonferenzen und die Ortsbischöfe müssen entscheidungsfähiger werden und deshalb mehr Kompetenzen erhalten. Für bestimmte Entscheidungsfindungen sollten zudem Gremien geschaffen werden, die die Kirche auf der ganzen Welt repräsentieren und bei denen sich nicht nur Bischöfe, sondern auch andere Mitglieder des Volkes Gottes zu Wort melden können.

Papst Franziskus will die Kirche sehr entschieden in dieser Weise dezentralisieren und öffnen. Bei meiner Privataudienz am 4. April 2014 hat er die Bischöfe und die Bischofskonferenzen ausdrücklich aufgefordert „Macht mir mutige Vorschläge!" An solchen Vorschlägen arbeiten wir in Brasilien auf zwei Ebenen: in der Bischöflichen Kommission für Amazonien und in einem Dialogforum der Bischofskonferenz. Es geht dabei um neue Formen der christlichen Gemeinden und ihrer Leitung – einschließlich der Eucharistie am Sonntag. Dazu werden konkrete Vorschläge an den Papst ausgearbeitet.

Wie diese aussehen werden, weiß ich nicht. Eine bewährte kirchliche Möglichkeit wäre, dass man in Amazonien „ad experimentum" verheiratete Männer und Frauen als Gemeindeleiter zulässt und dass diese auch der Eucharistie vorstehen. Es ist für mich aber keine Lösung, dass das nur die viel diskutierten „Viri probati" („bewährte Männer") wären. Denn das würde heißen, dass nur verheiratete Männer diesen vollen Dienst der Gemeindeleitung übernehmen könnten. Aber zwei Drittel der Gemeinden am Xingu werden heute von Frauen geleitet.

Man macht dem Papst häufig den Vorwurf, dass er beim Thema Frauen sehr traditionell denke. Ich glaube aber, dass man ihm da Unrecht tut. Richtig ist, dass er von seinem Hintergrund in Argentinien herkommt. Trotzdem glaube ich nicht, dass er zur Weihe von Frauen ein striktes Nein, ein *quod non*, sagen würde. Ich glaube nicht, dass er in dieser Entweder-oder-Logik denkt. Freilich würde er nicht hergehen und sagen, alles, was die Päpste vor mir gesagt haben, ist abgehakt. Aber er weiß ganz genau, dass sich verschiedene Fragen in der Kirche oft über Jahrhunderte zugespitzt haben und am Ende eine Entscheidung gefordert war, die sich einige Jahrzehnte vorher niemand hätte vorstellen können.

Man muss nur daran denken, was im 19. Jahrhundert kirchlicherseits alles gegen die Trennung von Kirche und Staat und gegen die Demokratie eingewendet wurde. Oder an den Syllabus von Pius IX., der unter seinen 80 Punkten als Irrtum verdammt, dass es jedem Menschen freistehe, eine Religion anzunehmen und zu bekennen. Mit dieser Aussage hat das Zweite Vatikanische Konzil in seiner Erklärung über die Religionsfreiheit „Dignitatis humanae" ein für alle Mal aufgeräumt. Oder denken wir an die längst überholten Aussagen über das wortwörtliche Verständnis der Bibel unter Pius X.

Bestimmte Überzeugungen und Auslegungen, die einst mit Nachdruck vertreten, ja sogar als unabänderlich verteidigt wurden, haben sich dennoch im Laufe der Geschichte oft völlig geändert. Das hat aber keineswegs den Lebensnerv der Kirche getroffen. Ich bin überzeugt, dass Franziskus in dieser Tradition steht, die letztlich offen ist für den Dialog und für Veränderungen.

Allerdings ist die Sachlage bei der Weihe von Frauen

besonders schwierig. Denn Papst Johannes Paul II. hat in seinem Apostolischen Schreiben „Ordinatio sacerdotalis" vom 22. Mai 1994 erklärt, „dass die Kirche keinerlei Vollmacht hat, Frauen die Priesterweihe zu spenden, und dass sich alle Gläubigen der Kirche endgültig an diese Entscheidung zu halten haben". Das ist zwar kein Glaubenssatz „de fide definita", aber doch eine sehr entschiedene Aussage eines Papstes.

Daher wird Papst Franziskus in der Frage von Priesteramt, Zölibat und Frauenweihe nichts allein unternehmen, sondern wenn, dann nur gemeinsam mit den Bischöfen. Er wird in diesem Zusammenhang auch sicher keine Entscheidungen treffen, die sofort weltweite Anwendung finden sollen. Damit etwas möglich wird, müsste eine namhafte Zahl von Bischofskonferenzen in Lateinamerika, in Asien, in Afrika eine Änderung herbeiführen wollen. Es müsste also beispielsweise auf kontinentaler Ebene oder sogar in der Weltkirche einen großen Konsens geben. Denn nur dann hätte das ausreichend Gewicht, um die frühere Erklärung eines Papstes zu revidieren. Aber in eigener Regie macht Franziskus es sicher nicht.

Diese Haltung von Papst Franziskus hat sich ganz eindeutig bei der Bischofssynode über Ehe und Familie gezeigt. Er hat keinen Hehl daraus gemacht, dass er selbst für eine „barmherzige" Lösung eintritt, die wiederverheiratete Geschiedene nicht grundsätzlich und ausnahmslos vom Empfang der Sakramente ausschließt. Aber er ist mit dieser Meinung nicht über die Köpfe der Bischöfe hinweggegangen, sondern hat mühsam um Zustimmung und Einverständnis geworben.

Es wird auch in dieser Frage keine Pauschallösung geben. Kein Bischof wird sagen wollen, gut, ab sofort sind alle wiederverheirateten Geschiedenen zum Kommunionempfang eingeladen. Ich würde das auch nicht für richtig halten. Bei uns in Brasilien feiert eine bestimmte Form von Machismo immer noch fröhliche Urstände, und eine absolut liberale Regelung der kirchlichen Ehe könnte sehr auf Kosten der Frauen gehen.

Überhaupt ist es für mich sehr wichtig, dass in den Fragen von Partnerschaft, Ehe und Familie die Perspektiven und die Lebenssituationen von Frauen mehr in den Blickpunkt rücken. Und dass die konkrete Praxis in den Gemeinden gesehen wird. Ich muss als Pfarrer oder Bischof vielfach die Entscheidung respektieren, welche die Betroffenen selbst treffen. Ich kann doch nicht die persönlichen Lebensverhältnisse von allen 400, 500 Gottesdienstteilnehmern kennen, die in der Kathedrale von Altamira zur Kommunion gehen.

Die Lösung wird wohl in die Richtung gehen, wie sie Kardinal Walter Kasper im Sinne einer Übertragung von mehr Kompetenz an die Bischöfe formuliert hat. Ich glaube, dass auch der Papst so denkt. Aber die Gegner einer solchen Lösung, die den Bischöfen mehr Entscheidungsvollmacht einräumt, werden weiterhin Sturm laufen – obwohl die Zulassung wiederverheirateter Geschiedener zur Kommunion unter ganz besonderen Umständen doch absolut nicht einer Aufkündigung des Dogmas von der Unauflöslichkeit der Ehe gleichkäme. Daran wird die Kirche immer festhalten.

Die Erstarrung überwinden

Manche klagen darüber, dass es in den kirchlichen Reform-
debatten immer nur um die „heißen Eisen" ginge und –
wie sie meinen – nicht um den Kern des Evangeliums. Das
eine kann aber nicht ohne das andere gesehen werden. Wir
haben am Xingu Gemeinden, in denen nur zwei bis drei
Mal im Jahr eine Eucharistiefeier mit einem Priester möglich ist. Das große Problem ist nicht, dass die Gemeinden
mit den Wortgottesdiensten, die sie regelmäßig am Sonntag feiern, nicht zufrieden wären. Das große Problem ist,
dass sie die Eucharistiefeier aus dem Blick verlieren.

Das plakative Beispiel ist für mich immer jene Gemeinde, in die ich gekommen bin, um ihre Kapelle einzu-
weihen. Ich stand zunächst mit Maria, der Gemeindeleiterin, mit anderen Verantwortlichen und mit den vielen
Leuten, die gekommen waren, vor dem Eingangstor, das
ich dann zusammen mit Maria feierlich geöffnet habe. Ich
sah nach vorn und erschrak, denn es gab keinen Altar. Nur
ein Ambo stand in der Mitte. So fragte ich zunächst, ob da
nicht etwas fehle. Ich wies auch gleich darauf hin, dass das
Zentrum unseres Glaubens und unseres Gemeindelebens
die Eucharistiefeier sei. Maria antwortete prompt, das
wisse sie natürlich. „Aber wir haben ja nur zwei bis drei
Mal im Jahr Eucharistiefeier", sagte die Gemeindeleiterin.
„Also brauchen wir keinen Altar. Die paar Mal im Jahr, in
denen ein Priester kommt, holen wir dafür einen Tisch
aus der Schule und schmücken ihn mit einem schönen,
gestickten Tischtuch."

Da läuft etwas auseinander. Das Zweite Vatikanische Konzil hat mehrfach unterstrichen, dass die Eucharistie der Mittelpunkt der christlichen Gemeinde ist. Ich zitiere nur eine Stelle aus dem Dekret über Dienst und Leben der Priester „Presbyterorum Ordinis": „Die christliche Gemeinde wird aber nur auferbaut, wenn sie Wurzel und Angelpunkt in der Feier der Eucharistie hat" (PO 6). Das passt überhaupt nicht mit dieser Gemeinde zusammen, der die Eucharistie de facto vorenthalten wird und die sich irgendwann mit diesem Zustand abgefunden hat. Da haben wir in Amazonien tatsächlich eine völlig andere Situation als etwa in Österreich. In Österreich fehlt den Menschen etwas, wenn es am Sonntag, wie sie sagen, „nur" einen Wortgottesdienst gibt.

In Amazonien haben wir dagegen das Problem einer fatalen Entwöhnung von der Eucharistie. Ich frage mich, wie das mit den Worten von Johannes Paul II. in seiner Enzyklika „Dies Domini" in Einklang zu bringen sei: „Es ist tatsächlich von grundlegender Bedeutung, dass sich jeder Glaubende davon überzeugt, weder seinen Glauben leben noch am Leben der Gemeinschaft teilnehmen zu können, wenn er sich nicht vor allem durch die Teilnahme an der sonntäglichen Eucharistiefeier vom Wort Gottes und vom eucharistischen Brot nährt." (DD 81) Was der Papst hier schreibt, mag ein gut gemeinter Ratschlag, eine schöne päpstliche Anweisung sein. Es ist aber jenseits der Realität der allermeisten von der Eucharistie praktisch ausgeschlossenen Gemeinden in Amazonien.

Ja, es ist eine schreiende Ungerechtigkeit, dass wir diesen Gemeinden die Eucharistie vorenthalten. Die Brasilianische Bischofskonferenz hat inzwischen eine Kommission beauftragt, Vorschläge zu erarbeiten – entsprechend der Aufforderung, die der Papst bei meiner Audienz formuliert hat: Die Bischöfe sollen ihm mutige, couragierte Vorschläge machen.

Meine Vorstellung ist, dass wir zunächst einmal zu regionalen Lösungen kommen. Im Süden Brasiliens gibt es noch genügend Priester. Dort wird man wenig ändern wollen oder müssen. Bei uns in Amazonien dagegen ist die Situation höchst prekär. Wir haben am Xingu 800 Gemeinden und 31 Priester, davon sind mehrere schon über 70 Jahre alt. Daher könnte ich mir denken, dass man in der Brasilianischen Bischofskonferenz zunächst auf Amazonien schaut und für diese Region eine Lösung „ad experimentum" vorschlägt. Diese müsste nicht einmal für alle Diözesen in Amazonien gelten.

Ganz klar muss dabei sein: Es geht nicht um ein Ja oder Nein zum Zölibat. Manchmal stoße ich auf Kritik und es wird mir vorgeworfen, ich wolle den Zölibat aufheben. Nein, das will ich auf keinen Fall und das will auch der Papst nicht. Aber ich kann die Frage, ob eine Gemeinde jeden Sonntag Eucharistie feiern kann oder nicht, nicht davon abhängig machen, ob ein zölibatärer Mann zur Verfügung steht oder nicht. Das ist nicht im Sinne Jesu, der gesagt hat, „Tut dies zu meinem Gedächtnis" (Lk 22,19; 1 Kor 11,25). Im griechischen Urtext steht: „τοῦτο ποιεῖτε εἰς τὴν ἐμὴν ἀνάμνησιν". Das ποιεῖτε ist ganz entschieden und eindeutig die Befehlsform im Plural. Es handelt sich also um einen Auftrag und nicht um einen guten Ratschlag nach dem Motto, wenn ihr wollt, dann könnt oder dürft ihr.

Es gibt viele Frauen, die den sonntäglichen Wortgottesdienst vorbereiten und leiten, es gibt junge und ältere Männer, die sich für ihre Gemeinde ehrenamtlich einsetzen. Diese Leute könnte man mit einer entsprechenden Vorbereitung auch dafür heranbilden, dass sie in *ihrer* Gemeinde der Eucharistie vorstehen. In *ihrer* Gemeinde! Diese Einschränkung erscheint mir wichtig, weil nur dadurch eine selbstständige Form entstehen könnte: Keine Priester zweiter Klasse, sondern Frauen und Männer, die für ihre Gemeinde ordiniert werden, um dem *Mysterium Fidei* (Geheimnis des Glaubens), der Eucharistiefeier, vorzustehen.

Im Idealfall könnten das pro Gemeinde sogar zwei bis drei sein, etwa im Sinne der *Teams of Elders*, wie sie Bischof Lobinger vorgeschlagen hat. Das würde ihre Verankerung in der Gemeinde und ihren Bezug zu dieser Gemeinde noch stärken.

Ich kann es aber mit meinem Glauben nicht vereinbaren, dass jemand kurzerhand den Entschluss fasst, der Eucharistiefeier vorzustehen oder andersherum eine Gemeinde in eigener Regie jemandem den Vorsitz der Eucharistiefeier überträgt. Das ist ein Bruch mit unserer Kirche, die seit den Tagen der Apostelgeschichte für besondere Dienste immer die Beauftragung, die Ordination, die Handauflegung kennt, verbunden mit dem Weihegebet und der Anrufung des Heiligen Geistes. Als Katholiken glauben wir an das Weihepriestertum. Weihe ist mehr als eine Delegation durch die Gemeinschaft.

Ganz sicher können für Gemeinden in besonderen Situationen Lösungen gefunden werden, ohne sich von der weltweiten – *kathólon* – Kirche abzuschotten. Es geht letztlich darum, dass in jeder Gemeinde an jedem Sonntag, dem *Dies Domini*, dem Tag des Herrn, Eucharistie gefeiert wird. Hat der Apostel Paulus nicht auch in all den Gemeinden, die er gründete und betreute, so etwas wie ein *Team of Elders* berufen?

Was uns die Heilige Schrift sagt:
Drei Lebensregeln aus der Bibel

Der Sabbat ist für den Menschen da, nicht der Mensch für den Sabbat (Mk 2,27)
Ein Kern der Botschaft Jesu ist, dass es ihm immer zuerst um den konkreten Menschen geht, den er vor sich hat. Für mich verbindet sich das wie von selbst mit dem Grundsatz „Sehen – urteilen – handeln". Zuerst muss ich die Lebenssituation eines Menschen sehen und zu verstehen trachten. Die religiösen Autoritäten seiner Zeit klagen darüber, dass seine Jünger am Sabbat Ähren abreißen. Für Jesus aber steht nicht das Verbot im Vordergrund, sondern die Situation seiner Jünger, die nichts zu essen hatten. Das ist der Mut zur Veränderung, den Jesus vorlebt: Dort eingreifen, wo Gebote und Verbote den Menschen behindern und einschränken, anstatt dass sie lebensförderlich wären. Dazu kommt mir der letzte Satz des Codex Iuris Canonici in den Sinn, Canon 1752: *Salus animarum suprema lex* – das Heil der Menschen ist das höchste Gesetz. Ich bin immer wieder herausgefordert gewesen, Entscheidungen zu tref-

fen, wo ich niemanden fragen konnte. Ich musste Antwort geben. In einer solchen Situation habe ich immer gedacht, was würde Jesus an meiner Stelle tun, hier in Amazonien, im Busch. Manche meinten dazu, ich könne Jesus nicht so „vereinnahmen". Aber ich bin überzeugt, dass der Heilige Geist, den Jesus uns versprochen hat, uns Orientierung gibt und leitet und dass er uns auch in Grenzsituationen nicht verlässt und allein im Regen stehen lässt.

Ich bin nicht gekommen, den Frieden zu bringen, sondern das Schwert (Mt 10,34)

Auf den ersten Blick ist dieses Jesus-Wort irritierend. Wo es ihm doch um Sanftmut und Friedfertigkeit geht. Ja, aber das heißt nicht, dass wir die von Menschen gemachten Verhältnisse der Ausbeutung, der Unterdrückung und der Armut hinnehmen sollen oder dürfen. Christen sind immer berufen, gegen die Strukturen der Sünde aufzustehen. Nicht mit dem Schwert, das muss ja aus dem Gesamtverständnis der Bibel heraus nicht eigens erklärt werden, wohl aber mit der Macht des Wortes und mit Zivilcourage. Die Bibel nennt das *parrhesia*, ein Begriff, der meist mit Freimut übersetzt wird. Es ist aber mehr gemeint: Wagemut, Kühnheit, Furchtlosigkeit, manchmal sogar Verwegenheit, Standhaftigkeit und Zivilcourage. Es ist genau das Gegenteil von dem, was wir in Brasilien mit *em cima do muro* bezeichnen. Dieser populäre Ausdruck will sagen: Jemand steht auf der Mauer und dreht sich je nach Windrichtung und Windstärke, mal in diese, mal in jene Richtung. Er hat keine eigene Meinung und Überzeugung, ist ein Wendehals, im Grunde ein Feigling.

Mein Haus soll ein Haus des Gebetes sein (Mt 21,13)

Die Szene von der sogenannten Tempelreinigung ist ein starkes Symbol dafür, wohin Veränderung gehen muss: weg vom Kommerz und Konsum, weg von der Regel „Geld regiert die Welt". Stattdessen hin zu den Werten, die ein menschenwürdiges Leben ausmachen. Die Ökonomisierung aller Lebensbereiche hat dazu geführt, dass das ganze Leben gleichsam nur mehr über einen Leisten geschlagen wird: das Geld. Jesus „reinigt" uns von dieser Diktatur des Ökonomismus. Mir kommt dabei der berühmt gewordene Spruch von René Descartes in den Sinn, „cogito ergo sum", ich denke, also bin ich. Heute müsste er sagen: „ich profitiere, also bin ich". Unwillkürlich wird immer wieder die Frage gestellt: „Was bringt's? Was hab ich davon? Was springt da für mich heraus?"

Es gibt Leute, die mich bedauern und sagen: „Dein Einsatz hat doch im Grunde sehr wenig gebracht." Aber so etwas kann nur jemand sagen, der in den Kategorien von Soll und Haben denkt. Mit anderen Worten, ich muss vorher wissen, dass ich Erfolg haben werde, und wenn ich das Gefühl habe, es wird wohl nichts herauskommen, dann ist das schon Grund genug, aufzugeben.

Man muss tatsächlich aufpassen, dass man sich nicht durch solche Gedanken verleiten lässt. Vom Evangelium her würde ich sagen: Mein Einsatz ist gefordert – unabhängig davon, was er bringen kann oder auch nicht. Eine Mutter oder Großmutter wird sicher auch nicht erst fragen, was es ihr bringt, wenn sie mit ihrem Kind oder Enkel zwei Stunden auf den Spielplatz geht.

7.

ES GIBT NUR EINE WELT – NIMM DEINE GLOBALE VERANTWORTUNG WAHR

Der Papst der zwei Amerikas –
ein historisches Zeitfenster

In den ersten drei Jahren von Papst Franziskus hat sich eine bemerkenswerte Parallele zu seinem Vorvorgänger Johannes Paul II. gezeigt. Das begann schon mit dem Phänomen der Wahl. Karol Wojtyla, der Papst aus dem Osten, war 1978 genauso eine Sensation gewesen wie Jorge Mario Bergoglio, der Papst aus dem Süden, im Jahr 2013.

Ein gutes Jahrzehnt nach der Wahl von Wojtyla ist der Eiserne Vorhang gefallen. Nun kann man selbstverständlich den Anteil, den der polnische Papst an der Überwindung der Teilung Europas gehabt hat, nicht in Prozenten ausdrücken. Aber es war zweifellos so, dass die Solidarnosc-Bewegung ohne die Rückenstärkung durch den Papst nicht den Durchbruch hätte schaffen können, der im Fall der Berliner Mauer seinen Höhepunkt erreicht hat.

Eine ähnliche Rolle als Pontifex, als Brückenbauer, kommt Papst Franziskus im Verhältnis der beiden Amerikas zu. Von Anfang an hat er mit den Mitteln der vatikanischen Geheimdiplomatie auf einen Brückenschlag zwischen Kuba und den USA hingearbeitet. Mit einer eindeutigen inhaltlichen Ausrichtung: dass Nordamerika, namentlich die USA, ihre historische Schuld an Lateinamerika erkennen und die beiden Subkontinente einander endlich auf Augenhöhe begegnen.

Es war wohl kein Zufall, dass Franziskus vom 19. bis 27. September 2015 zuerst Kuba und dann die USA besucht hat. Und es war auch kein Zufall, dass der Papst schon vorher, vom 5. bis 13. Juli 2015, in drei der ärmsten Länder Lateinamerikas – Ecuador, Bolivien und Paraguay – gereist war. Der mit Spannung erwartete Auftritt von Papst Franziskus vor dem zweiten weltweiten Kongress der Volksbewegungen in Bolivien hatte streckenweise den Charakter einer antikapitalistischen politischen Kundgebung. Zu Beginn der Veranstaltung in einer großen Messehalle verlasen Teilnehmer eine „Erklärung von Santa Cruz", in der sie eine neue Weltwirtschaftsordnung und eine Überwindung des „kapitalistischen Neoliberalismus" forderten.

Der Papst selbst ging auf die beiden Bilder von Kirche ein, die sich in das Bewusstsein Lateinamerikas eingeprägt haben. Er bat um Vergebung für die Sünden jener Priester, die bei der Unterwerfung des Subkontinents durch die europäischen Konquistadoren und der damit einhergehenden Missionierung die Rechte der indigenen Bevölkerung verletzt hatten. Er vergaß aber auch nicht, all jene Geistlichen und Ordensleute zu erwähnen, die sich in den vergangenen Jahrzehnten und Jahrhunderten an die Seite der Armen und Entrechteten gestellt und sich für sie eingesetzt haben.

„Im Namen Gottes sind viele schwere Sünden gegen die Ureinwohner Amerikas begangen worden", sagte der Papst. Er bitte um Vergebung „nicht nur für die Sünden der Kirche selbst, sondern auch für die Verbrechen gegen die indigenen Völker während der sogenannten Eroberung Amerikas". Franziskus kritisierte „neue Formen des Kolonialismus", wonach die armen Länder von den

Industrienationen zu „bloßen Rohstofflieferanten und Zulieferern kostengünstiger Arbeit" herabgewürdigt würden. Das erzeuge eine Gewalt, „die weder mit polizeilichen noch mit militärischen oder geheimdienstlichen Mitteln eingedämmt werden" könne. Der Papst prangerte in diesem Zusammenhang auch einige „sogenannte Freihandelsabkommen" sowie die von den internationalen Finanzinstitutionen auferlegten Sparprogramme an. Nach seiner Rede setzte er sich demonstrativ den Helm eines bolivianischen Bergarbeiters auf und segnete viele der anwesenden Volksbewegungsführer persönlich.

Der Katakombenpakt – Vision einer Kirche, wie Jesus sie will

Dieser globale Blick auf die Welt ist nicht glaubwürdig, solange es Strukturen gibt in der Kirche, die ein Leben im Sinne des Evangeliums behindern. Ich lobe mir dabei die lateinamerikanische Art, dass man diese Strukturen nicht ganz so ernst nimmt und die Dinge etwas einfacher, auch entspannter und gemütlicher sieht. So wie das Papst Franziskus jetzt auch in Rom lebt. Das verstehen nicht alle. Aber ist es nicht viel schöner, wenn das Amt in der Kirche nicht einen so großen Abstand signalisiert, wie das andernorts immer noch der Fall ist?

Wir müssen endlich den Mut haben, alle kirchlichen Ämter von diesem Ballast des Abgehobenseins zu befrei-

en. Es ist in Europa, auch in Österreich, noch zu vieles
mit dem offiziellen Drumherum verbunden, wenn der
Bischof kommt. Die Menschen bleiben dann auf Distanz,
sie blicken untertänig und ehrergiebig zum Würdenträger
auf. War das bei Jesus auch so? Sind die Leute auf Respekt-
abstand gegangen?

Man kann, soll, ja muss sogar vieles viel einfacher ge-
stalten. Ein Leitfaden, der lange in Vergessenheit geraten
war, ist der sogenannte Katakombenpakt. Am 16. November 1965 – drei Wochen vor dem Abschluss des Zweiten
Vatikanischen Konzils – haben sich in den Domitilla-
Katakomben außerhalb Roms 40 Bischöfe aus der ganzen
Welt getroffen. Sie griffen dabei ein Leitwort von Papst
Johannes XXIII. auf: die „Kirche der Armen". Damit war
keine Sonderkirche gemeint, die im Gegensatz zu anderen
Gruppierungen in der Kirche stünde – etwa die Armen
gegen die Reichen oder die Laien gegen die Priester. Vielmehr hat der Papst betont, dass die Armen die Kirche re-
präsentierten. Sie seien die Mehrheit der Christen in der
heutigen Welt.

Die 40 Bischöfe legten dazu ein Gelübde ab. Sie ver-
sprachen, nach ihrer Rückkehr vom Konzil, das am 8. Dezember 1965 zu Ende ging, ein einfaches Leben zu führen, allen Zeichen der Macht zu entsagen, die Welt mit
den Augen der Armen zu sehen und einen Pakt mit ihnen
zu schließen, die „Option für die Armen". Diese lenkt den
Blick auf die gesellschaftlichen Wurzeln der Armut: Es
gibt keine Armen, es gibt nur Menschen, die von anderen
arm gemacht und arm gehalten werden. Die „Katakom-
ben-Bischöfe" haben damit die Prinzipien des Konzils

in der Praxis ausgeführt: die Durchdringung von Lehre und Seelsorge durch ein Kirchenbild, das vom Volk Gottes ausgeht und erst darauf aufbauend – als Mittel zum Zweck, ohne das eine menschliche Gemeinschaft nicht funktionieren kann – eine Struktur und ein Amt kennt.

Die Verpflichtung der 40 Bischöfe, der sich später noch etwa 500 weitere Bischöfe anschlossen, hatte den folgenden Wortlaut:

„Als Bischöfe, die sich zum Zweiten Vatikanischen Konzil versammelt haben;
– die sich dessen bewusst sind, wie viel ihnen noch fehlt, um ein dem Evangelium entsprechendes Leben in Armut zu führen;
– die sich gegenseitig darin bestärkt haben, gemeinsam zu handeln, um Eigenbrötelei und Selbstgerechtigkeit zu vermeiden;
– die sich eins wissen mit all ihren Brüdern im Bischofsamt; …
nehmen wir in Demut und der eigenen Schwachheit bewusst, aber auch mit Entschiedenheit und all der Kraft, die Gottes Gnade uns zukommen lassen will, folgende Verpflichtungen auf uns
1. Wir werden uns bemühen, so zu leben, wie die Menschen um uns her üblicherweise leben, im Hinblick auf Wohnung, Essen, Verkehrsmittel und allem, was sich daraus ergibt (vgl. Matthäus 5,3; 6,33–34; 8,20).
2. Wir verzichten ein für alle Mal darauf, als Reiche zu erscheinen wie auch wirklich reich zu sein, insbesondere in unserer Amtskleidung (teure Stoffe, auffallende Farben) und in unseren Amtsinsignien, die nicht aus

kostbarem Metall – weder Gold noch Silber – gemacht sein dürfen, sondern wahrhaft und wirklich dem Evangelium entsprechen müssen (vgl. Markus 6,9; Matthäus 10,9; Apostelgeschichte 3,6).

3. Wir werden weder Immobilien oder Mobiliar besitzen noch mit eigenem Namen über Bankkonten verfügen; und alles, was an Besitz notwendig sein sollte, auf den Namen der Diözese bzw. der sozialen oder karitativen Werke überschreiben (vgl. Matthäus 6,19–21; Lukas 12,33–34).

4. Wir werden, wann immer dies möglich ist, die Finanz- und Vermögensverwaltung unserer Diözesen in die Hände einer Kommission von Laien legen, die sich ihrer apostolischen Sendung bewusst und fachkundig sind, damit wir Apostel und Hirten statt Verwalter sein können (vgl. Matthäus 10,8; Apostelgeschichte 6,1–7).

5. Wir lehnen es ab, mündlich oder schriftlich mit Titeln oder Bezeichnungen angesprochen zu werden, in denen gesellschaftliche Bedeutung oder Macht zum Ausdruck gebracht werden (Eminenz, Exzellenz, Monsignore …). Stattdessen wollen wir als ‚Padre‘ angesprochen werden, eine Bezeichnung, die dem Evangelium entspricht.

6. Wir werden in unserem Verhalten und in unseren gesellschaftlichen Beziehungen jeden Eindruck vermeiden, der den Anschein erwecken könnte, wir würden Reiche und Mächtige privilegiert, vorrangig oder bevorzugt behandeln (z. B. bei Gottesdiensten und bei gesellschaftlichen Zusammenkünften, als Gäste oder Gastgeber, vgl. Lukas 13,12–14; Erster Korintherbrief 9,14–19).

7. Ebenso werden wir es vermeiden, irgendjemandes Eitelkeit zu schmeicheln oder ihr gar Vorschub zu leisten,

wenn es darum geht, für Spenden zu danken, um Spenden zu bitten oder aus irgendeinem anderen Grund. Wir werden unsere Gläubigen darum bitten, die Gabe ihrer Spenden als üblichen Bestandteil ihres Mitwirkens in Gottesdienst, Apostolat und sozialer Tätigkeit anzusehen (vgl. Matthäus 6,2–4; Lukas 15,9–13; Zweiter Korintherbrief 12,4).

8. Für den apostolisch-pastoralen Dienst an den wirtschaftlich Bedrängten, Benachteiligten oder Unterentwickelten werden wir alles zur Verfügung stellen, was notwendig ist an Zeit, Gedanken und Überlegungen, Mitempfinden oder materiellen Mitteln, ohne dadurch anderen Menschen und Gruppen in der Diözese zu schaden. Alle Laien, Ordensleute, Diakone und Priester, die der Herr dazu ruft, ihr Leben und ihre Arbeit mit den Armgehaltenen und Arbeitern zu teilen und so das Evangelium zu verkünden, werden wir unterstützen (vgl. Lukas 4,18f.; Markus 6,4; Matthäus 11,45; Apostelgeschichte 18,3–4; 20,33).

9. Im Bewusstsein der Verpflichtung zu Gerechtigkeit und Liebe sowie ihres Zusammenhangs werden wir darangehen, die Werke der ‚Wohltätigkeit‘ in soziale Werke umzuwandeln, die sich auf Gerechtigkeit und Liebe gründen und alle Frauen und Männer gleichermaßen im Blick haben. Damit wollen wir den zuständigen staatlichen Stellen einen bescheidenen Dienst erweisen (vgl. Matthäus 25,31–46; Lukas 13,12–14).

10. Wir werden alles dafür tun, dass die Verantwortlichen unserer Regierung und unserer öffentlichen Dienste solche Gesetze, Strukturen und gesellschaftliche Institutionen schaffen und wirksam werden lassen, die für Gerechtigkeit, Gleichheit und gesamtmenschliche

harmonische Entwicklung jedes Menschen und aller Menschen notwendig sind. Dadurch soll eine neue Gesellschaftsordnung entstehen, die der Würde der Menschen- und Gotteskinder entspricht (vgl. Apostelgeschichte 2,44; 4,32–35; 5,4; Zweiter Korintherbrief 8 und 9).

11. Weil die Kollegialität der Bischöfe dann dem Evangelium am besten entspricht, wenn sie sich gemeinschaftlich im Dienst an der Mehrheit der Menschen – zwei Drittel der Menschheit – verwirklicht, die körperlich, kulturell und moralisch im Elend leben, verpflichten wir uns, gemeinsam mit den Bischöfen der armen Nationen dringliche Projekte zu verwirklichen, entsprechend unseren Möglichkeiten; auch auf der Ebene der internationalen Organisationen das Evangelium zu bezeugen, wie es Papst Paul VI. vor den Vereinten Nationen getan hat; gemeinsam dafür einzutreten, dass wirtschaftliche und kulturelle Strukturen geschaffen werden, die der verarmten Mehrheit der Menschen einen Ausweg aus dem Elend ermöglichen, statt in einer immer reicher werdenden Welt ganze Nationen verarmen zu lassen.

12. In pastoraler Liebe verpflichten wir uns, das Leben mit unseren Geschwistern in Christus zu teilen, mit allen Priestern, Ordensleuten und Laien, damit unser Amt ein wirklicher Dienst werde. In diesem Sinne werden wir gemeinsam mit ihnen ‚unser Leben ständig kritisch prüfen‘, sie als Mitarbeiterinnen und Mitarbeiter verstehen, sodass wir vom Heiligen Geist inspirierte Animateure werden, statt Chefs nach Art dieser Welt zu sein. Wir werden uns darum mühen, menschlich präsent, offen und zugänglich zu werden, und uns allen Menschen

gegenüber offen erweisen, gleich welcher Religion sie sein mögen (vgl. Markus 8,34; Apostelgeschichte 6,1–7, Erster Brief an Timotheus, 3,8–10).

13. Nach der Rückkehr in unsere Diözese werden wir unseren Diözesanen diese Verpflichtungen bekannt machen und sie darum bitten, uns durch ihr Verständnis, ihre Mitarbeit und ihr Gebet behilflich zu sein.

Gott helfe uns, unseren Vorsätzen treu zu bleiben."

Ein wichtiges Ergebnis des Zweiten Vatikanischen Konzils insgesamt und des Katakombenpakts im Besonderen war die Entstehung der Basisgemeinden und der Theologie der Befreiung in Lateinamerika. Diese Gemeinden sind sehr zu Unrecht von Rom mit Argusaugen betrachtet worden. Man hat ihnen vorgeworfen, dass sie mehr von marxistischem Gedankengut geprägt seien als vom Geist des Evangeliums. Es gab das verbreitete Bild des Priesters, der mit der Kalaschnikow in der Hand an der Seite von Guerilleros den bewaffneten Kampf gegen das Establishment führt.

Tatsächlich hat es in der Analyse der gesellschaftlichen Verhältnisse auch Überschneidungen mit sozialistischen Ideen gegeben. Das lag einerseits in der Natur der Sache, andererseits in der klaren Richtung, die das Evangelium vorgibt. Aber ich habe keine einzige Basisgemeinde innerhalb oder außerhalb des Bistums am Xingu kennengelernt, die für einen bewaffneten Widerstand oder eine blutige Revolution eingetreten wäre.

Bis heute ist freilich die grundlegend unterschiedliche Sichtweise, die dahintersteckt, nicht ganz ausgestanden: Auf der einen Seite steht ein Glaube, der mehr aus einer

– gewiss sehr achtenswerten – individuellen Frömmigkeit lebt und sich nicht in die Dinge dieser Welt einmischen will, und auf der anderen Seite ein Glaube, der die „Strukturen der Sünde" anklagt, die Menschen ihre Würde rauben, sie an den Rand der Gesellschaft drängen und, mehr noch, sie als „überflüssig und Wegwerfartikel" behandelt, wie das Dokument von Aparecida (2007) anklagt (DAp 65).

Mit Papst Franziskus sind diese beiden Pole einer christlichen Existenz erstmals auf der Stufe der höchsten Autorität der Kirche angekommen – und gleichzeitig aufgehoben. Papst Franziskus verbindet eine tiefe persönliche Frömmigkeit mit einem gesellschaftspolitischen Auftrag und Engagement, wie es schon das Zweite Vatikanische Konzil in „Gaudium et spes", der Pastoralen Konstitution über die Kirche in der Welt von heute, zum Ausdruck gebracht hat. Das „*heute*" war vor 50 Jahren. Aber das einleitende Statement des Dokuments hat an Aktualität absolut nichts verloren: „Freude und Hoffnung, Trauer und Angst der Menschen von heute, besonders der Armen und Bedrängten aller Art, sind auch Freude und Hoffnung, Trauer und Angst der Jünger Christi. Und es gibt nichts wahrhaft Menschliches, das nicht in ihren Herzen seinen Widerhall fände." (GS 1)

Papst Franziskus setzt dazu noch einen besonderen Akzent auf die Mitwelt der Menschen, auf „die Sorge für das gemeinsame Haus". Er bringt die Umweltproblematik in Zusammenhang mit der sozialen Frage: „Wir kommen jedoch heute nicht umhin anzuerkennen, dass ein wirklich ökologischer Ansatz sich immer in einen sozialen Ansatz verwandelt, der die Gerechtigkeit in die Umweltdiskussionen aufnehmen muss, um die Klage der Armen ebenso zu hören wie die Klage der Erde" (LS 49).

Das hatte mir der Papst schon bei der Privataudienz am 4. April 2014 gesagt: Er werde nicht von einer sozusagen anonymen Ökologie sprechen, sondern er wolle eine Enzyklika über die „ecologia humana", eine „Humanökologie", schreiben. „Die Humanökologie ist nicht von dem Begriff des Gemeinwohls zu trennen, einem Prinzip, das eine zentrale und Einheit schaffende Rolle in der Sozialethik spielt. Es ist ‚die Gesamtheit jener Bedingungen des gesellschaftlichen Lebens, die sowohl den Gruppen als auch deren einzelnen Gliedern ein volleres und leichteres Erreichen der eigenen Vollendung ermöglichen", stellt Papst Franziskus fest und zitiert dabei das Konzilsdokument „Gaudium et spes" Nr. 26.

Global denken, lokal handeln

In einer Analyse des Apostolischen Schreibens „Evangelii gaudium" macht ein Vatikanbeobachter zwei Punkte aus, in denen sich Papst Franziskus am deutlichsten von seinen Vorgängern im Papstamt unterscheide: mehr Autonomie für die Bischofskonferenzen und mehr Raum für die verschiedenen Kulturen. Er nennt das die „föderalistische Option" des Papstes.

Mit den 20 neuen Kardinälen, die der Papst ernannt hat, werden die Europäer beim nächsten Konklave erstmals in der Minderheit sein. Ich denke, dass Franziskus sich bemühen wird, von einer Kirche mit nur „europäischem Antlitz" wegzukommen. Das heißt absolut nicht, dass Europa unwichtig geworden ist, aber in unserem *Global Village* soll der Alte Kontinent ein Kontinent neben und nicht über den anderen sein. Europa soll auch in der Kirche nicht automatisch eine Vormachtstellung einnehmen.

Wie es früher in der einen katholischen Kirche die Patriarchate mit eigenen Liturgien und Traditionen gegeben hat und zum Teil noch gibt, soll der Kirche in allen Kontinenten das Recht zustehen, ihr eigenes Antlitz zu haben. Die Einheit der Kirche soll gerade in der Vielfalt der Kulturen und Sprachen zum Ausdruck kommen.

Papst Franziskus spricht in „Evangelii gaudium" seinem Vorvorgänger Papst Johannes Paul II. das Verdienst zu, den Weg für eine neue Form der Ausübung des päpstlichen Primats geöffnet zu haben. Gleichzeitig beklagt er aber, dass man auf diesem Weg kaum vorwärtsgekommen sei. Er sei aber entschlossen, eine neue Form des Primats voranzutreiben, da er eine Aufgabe des „Bischofs von Rom" darin sehe, „offen zu bleiben für die Vorschläge, die darauf ausgerichtet sind, dass eine Ausübung meines Amtes der Bedeutung, die Jesus Christus ihm geben wollte, treuer ist und mehr den gegenwärtigen Notwendigkeiten der Evangelisierung entspricht" (EG 32).

Diese gegenwärtigen Notwendigkeiten könnte man – etwas profaner ausgedrückt – auch auf die Formel „Global denken, lokal handeln" bringen. Kein Mensch im reichen Norden, in Europa oder in den USA, kann sich heute mehr ausklinken aus dem Weltgeschehen. Mit jedem Kauf einer Banane oder mit jedem PS meines Autos entscheide ich mit, wie es mit dem *Global Village* weitergeht. Ich selbst hätte das meiste, was uns in 50 Jahren am Xingu gelungen ist, nicht ohne die tatkräftige Unterstützung aus Österreich, Deutschland, der Schweiz und Liechtenstein bewerkstelligen können.

Das Verhältnis von Nord und Süd, von Reich und Arm wird sich aber nicht wesentlich verändern, wenn es nicht zu einem prinzipiellen Strukturwandel kommt. Entwicklung muss vom Diktat des Ökonomismus losgelöst werden. Wenn nur auf das Bruttoinlandsprodukt und die Exportquote geschaut wird, wenn nur die Produktivität und die Außenhandelsbilanz zählen, dann bleiben die Menschen in den armen Ländern auf der Strecke.

Die Ökonomen des Kapitalismus haben uns immer weismachen wollen, dass der Wohlstand der Reichen immer mehr Arme gleichsam wie von selbst nach oben ziehe. Es gab sogar eine sogenannte Trickle-down-Theorie, die auf Adam Smith zurückgehen soll. Diese Theorie behauptete, dass der Wohlstand der Reichen nach und nach in die unteren Gesellschaftsschichten durchsickern (= engl. trickle) würde. Heute wissen wir, dass diese Theorie nicht stimmt. Im Gegenteil. Die Entwicklung seit der großen Finanzkrise 2008/2009 hat gezeigt, dass sich der Reichtum in unheimlicher Dichte bei immer weniger Menschen konzentriert und die Armen nicht nur quantitativ mehr werden, sondern auch qualitativ immer weiter von der Entwicklung abgehängt werden.

Wir brauchen eine andere Wertskala für Entwicklung und Fortschritt. Wir brauchen Maßzahlen, die Entwicklung und Fortschritt an den menschlichen Grundbedürfnissen Gesundheit, Bildung, Wohnen, Mobilität und öffentliche Sicherheit messen. Als Bürger zweier Welten, als Staatsbürger von Österreich und Brasilien, erlebe ich den Unterschied in der Erfüllung dieser Bedürfnisse immer wieder frappant.

In Österreich haben mehr als 90 Prozent der Menschen eine anständige Wohnung. Die Kinder haben nicht nur die Pflicht, sondern auch das Recht und die Möglichkeit, in die Schule zu gehen. Jede und jeder hat die annähernd gleichen Chancen, es bis zu einem Universitätsabschluss zu bringen. Ich möchte nicht sagen, dass alle Österreicherinnen und Österreicher im Wohlstand leben. Aber die Grundbedürfnisse des Lebens sind erfüllt, für die meisten sehr gut, die anderen sind zumindest bis zu einem gewissen Grad sozial abgesichert.

Als ich im Oktober 2015 in Österreich war und kurzfristig ins Krankenhaus eingeliefert werden musste, habe ich in kürzester Zeit alle notwendigen Untersuchungen und Therapien bekommen. Wenn ich am Xingu in Amazonien eine umfassende Blutuntersuchung machen muss, dann heißt es, ich kann in ein paar Wochen das Ergebnis abholen. Und wer kein Geld hat, hat auch keine Chance auf eine entsprechende oder gar rasche Behandlung. Er kommt schlicht und einfach nicht dran. Das ist der Unterschied!

In 50 Jahren in Amazonien habe ich als Priester und Bischof daran gearbeitet, dass dieser Unterschied kleiner wird. Das der arme Süden und der reiche Norden unserer globalen Welt nicht noch weiter auseinanderdriften, sondern in einer neuen Solidarität zusammenwachsen. Heute wissen wir, dass wir diese Kluft zum beiderseitigen Wohl überwinden müssen. Wir haben alle gemeinsam nur diese eine Welt, die in unser aller Verantwortung liegt.

Was uns die Heilige Schrift sagt:
Drei Lebensregeln aus der Bibel

Was ihr für einen meiner geringsten Brüder, eine meiner geringsten Schwestern getan habt, das habt ihr mir getan (Mt 25,40)

Die Nächstenliebe, die das Evangelium meint, ist keine abstrakte, sie ist immer konkret. In Deutschland und Österreich sind es seit dem Sommer 2015 die Flüchtlinge, die zur Herausforderung und zum Anruf werden. Am Xingu in Brasilien sind es die Armen, denen ihr Land streitig gemacht wird, die keinen Zugang zu einer angemessenen Gesundheitsversorgung haben oder deren Kindern eine angemessene Schulbildung vorenthalten wird, die immer noch nur Reichen und Finanzkräftigen möglich ist. In Brasilien gibt es zudem noch so etwas wie Apartheid. Die Indios werden trotz anderslautender Verfassungsbestimmungen nicht als Vollbürger anerkannt. Der Staat sieht seine Aufgabe nach wie vor darin, sie in die nationale Gesellschaft einzugliedern. Das heißt, sie müssen ihre eigene Identität aufgeben und „so werden wie alle anderen".

Bemerkenswert ist an dem Bibelzitat, das im Zusammenhang des Jüngsten Gerichtes steht, dass Jesus nicht sagt, ihr sollt für die Armen etwas tun. Er sagt vielmehr ganz klar: Ich war es, für den ihr etwas getan oder nicht getan habt. Er identifiziert sich mit den Hungrigen, den Ausgebeuteten, den Flüchtlingen. Wer nur für sich selbst gelebt hat, wird verdammt – und zwar in einer Art, wie es sonst in dieser Schärfe im Evangelium nicht vorkommt. Edith Stein hat dazu gesagt: „Unsere Liebe zu Gott wird gemessen an unserer Liebe zum Nächsten."

Ihr alle aber seid Geschwister (Mt 23,8)

„Freiheit, Gleichheit, Geschwisterlichkeit" – das ist wohl kein direktes Bibelzitat. Ich bin aber überzeugt, dass die ganze europäische Entwicklung hin zu den Menschenrechten ohne den Nährboden des Christentums nicht denkbar gewesen wäre. Jedenfalls ist es nicht schwierig, von einem christlichen Hintergrund her ebenso wie auf der Basis der Allgemeinen Erklärung der Menschenrechte zu demselben Ergebnis zu kommen: unsere Verantwortung für die Menschen und ihre Mitwelt, unser Auftreten gegen Marginalisierung und Ausgrenzung, für Partizipation und eine Begegnung auf Augenhöhe.

Alle Formen von Machtgelüsten nur um der Macht willen, die auf den Mitmenschen herumhämmert, haben mit dem Evangelium nichts tun. Das Wort Autorität leitet sich vom lateinischen Verb *augere* ab, das nichts anderes bedeutet als „wachsen lassen". Autorität meint also nicht Macht ausüben, sondern für das Gemeinwohl eintreten. Begegnung auf Augenhöhe bedeutet, dass ich durchaus vor jemandem stehen kann, der Autorität hat. Aber ich stehe auf

Augenhöhe vor ihm, denn das Erste, was uns verbindet, ist, dass wir Geschwister sind.

Augustinus hat es so ausgedrückt: „Mit euch bin ich Christ, für euch bin ich Bischof. Ich will nicht in den Himmel kommen ohne euch" (Predigt 17,2). In einer anderen Predigt erklärte er seinen Standpunkt noch genauer: „Wo mich schreckt, was ich für euch bin, da tröstet mich, was ich mit euch bin. Für euch bin ich Bischof, mit euch bin ich Christ. Jenes bezeichnet das Amt, dieses die Gnade, jenes die Gefahr, dieses das Heil" (Predigt 340,1). Dieser Satz wird auch in dem Konzilsdokument „Lumen gentium" zitiert, wo es um das „Brudersein" der Bischöfe geht (LG 32).

Macht alle Menschen zu meinen Jüngerinnen und Jüngern (Mt 28,19)

Ich bin überzeugt, dass es heute nicht nur erlaubt, sondern notwendig ist, den Auftrag der Verkündigung als einen dialogischen zu sehen. Viel zu lange Jahrhunderte sind wir Europäer in die anderen Kontinente gegangen und haben den Menschen dort gesagt, was sie zu tun und zu lassen hätten, was sie verwerfen müssten und was sie glauben sollten. Wir waren der Überzeugung, dass wir die gute Nachricht sozusagen gepachtet hätten und sie an die anderen nur weitergeben müssten. Diese Auswüchse des Kolonialismus sind in dem sogenannten Sendungsauftrag am Ende des Matthäusevangeliums ganz sicher nicht gemeint. Ich bin dankbar dafür, wie viel ich als Priester von jungen Leuten gelernt habe, und ich bin ebenso dankbar dafür, was ich als Bischof von den indigenen Völkern in Amazonien gelernt habe.

Das Zweite Vatikanische Konzil hat es auf den Punkt gebracht: Mission heißt nicht, ein fest verschnürtes Glaubenspaket zu übergeben; Mission ist vielmehr der Auftrag, allen Menschen und Völkern die Liebe Gottes zu verkünden. Missionar ist, wer die Liebe Gottes mitteilt. Evangelisieren heißt verkünden, Zeugnis ablegen, den Menschen dienen, in den Dialog eintreten. Ein solcher Dialog auf Augenhöhe ist nur möglich, wenn ich den anderen respektiere, wie er ist, und wenn ich bereit bin zu sagen, ich möchte auch von dir lernen.

Ich selbst habe von den Kayapó in Amazonien viel gelernt: den Respekt vor der Mitwelt und das Wir-Empfinden, das Gemeinschaftliche. Ich habe die Leute dort gefragt: Wer hat den Bananenhain gepflanzt? Die Antwort war: Wir! Das ist in unserer abendländischen Gesellschaft verlorengegangen. Als Österreicher haben wir ein solches gemeinschaftliches Wir-Empfinden noch, wenn unsere rot-weiß-rote Fußballmannschaft vorn mit dabei ist. Das ist ja auch schön so. Aber es geht um mehr, um ein größeres Miteinander und Füreinander.

Nachwort

23. Dezember 2015 – Ernennung meines Nachfolgers als Bischof vom Xingu

Wie das Kirchenrecht es Bischöfen bei Erreichen des 75. Lebensjahres empfiehlt, habe ich bereits am 8. Juli 2014 Papst Franziskus mein Amt als Bischof vom Xingu zur Verfügung gestellt. Es hat eineinhalb Jahre lang gedauert, bis Franziskus nun am Tag vor dem Heiligen Abend meinen Rücktritt angenommen und einen Nachfolger ernannt hat. Die Wahl fiel auf den Franziskanerpater João (Johannes) Muniz Alves aus dem benachbarten Bundesstaat Maranhão. Er ist 54 Jahre alt und ein einfacher Ordensmann aus Nordbrasilien. Auch hat er pastorale Erfahrungen und wird sicher ein guter Bischof für unser Volk sein.

Ich bin sehr glücklich über diese Wahl und freue mich, dass er offen ist für seine neue Sendung. In Fernseh- und Radiointerviews spricht er von seinem Wunsch, mit den Priestern, Ordensleuten und dem Volk Gottes am Xingu „mitzuarbeiten". Er möchte von der Kirche am Xingu zunächst einmal „lernen". Er hätte nie damit gerechnet, mein Nachfolger zu werden, freue sich aber aufrichtig darüber, dass ihn der Papst gerade für die Kirche am Xingu bestimmt habe, deren Bischof bisher Dom Erwin war.

Die pastoralen und sozialen Initiativen und Projekte laufen unvermindert weiter Der neue Bischof braucht dabei weiterhin unsere Unterstützung. Die Kirche am Xingu mit all ihren Herausforderungen und Aufgaben wird mit der Ernennung meines Nachfolgers keine andere. Es ändert sich nur die Person des Bischofs.

Frei* João hat mich gebeten, Hauptkonsekrator bei seiner Bischofsweihe am 5. März 2016 in São Luís do Maranhão zu sein. Am Weißen Sonntag, 3. April 2016, tritt er sein Amt im flächenmäßig größten Bistum Brasiliens an. Ab diesem Tag bin ich Bischof „Emeritus". Aber solange mir der liebe Gott den Atem schenkt, werde ich mich für das Volk Gottes am Xingu einsetzen, insbesondere für die Rechte und Würde der indigenen Völker und aller Menschen, denen ich seit über 50 Jahren als Priester und seit 35 Jahren als Bischof gedient habe.

LAUDATO SI' – Gott Lob und Dank!

Altamira, am Dreikönigstag, 6. Jänner 2016
Erwin

---

* „Frei" ist in Brasilien die Anrede für Mitglieder bestimmter Ordensgemeinschaften.